007

안진상 수필집

마음으로 걷는 길

도서출판 경남

안진상 김해 진영 출생. 월간 《문학세계》 수필부문 등단. 수필집 《나의 인생 아내 손에》 《마음으로 걷는 길》. 김해문인협회 · 한빛문학회 회원, 호박문학 동인

안진상 수필집

1쇄 펴낸날 | 2013년 6월 10일

지은이 | 안 진 상
펴낸이 | 오 하 룡

펴낸곳 | 도서출판 경남
주　소 | 창원시 마산합포구 몽고정길 2-1
연락처 | (055)245-8818~9
홈페이지 | www.gnbook.com
전자메일 | gnbook@empas.com
출판등록 | 제567-1호(1985. 5. 6.)
편집팀 | 오태민 | 심경애 | 구도희

ISBN 978-89-7675-843-9-03810

*잘못된 책은 바꿔 드립니다.
*저자와 협의 인지 생략합니다.

〔값 10,000원〕

차례

머리말 004

아버지의 들녘 007
아픔이 묻은 자리 015
혀끝이 피운 말 027
중년으로 산다는 것 043
마음으로 걷는 길 051
인연의 꽃 079
세상 밖에 서다 093
보배로운 사람 105
나도 나를 모른다 117
삶의 그림자 147
그리운 이름 하나 167

머리말

교통사고로 희망을 잃어버린 나에게 손발이 되어준 딸과 아내에게 작으나마 고마움을 표하고자 시작했던 글쓰기로 제1수필집 《나의 인생 아내 손에》를 출간하고 이제 제2수필집 《마음으로 걷는 길》을 발표하면서 세월도 주위 환경도 참으로 많이 변했다.

가족이 아니면 장애인을 그 누구도 탐탁케 봐주지 않았고, 손가락 하나 움직이지 않는 몸에 22년은 피멍을 토하고 몸살에 잠들며 보조기를 낀 채 한 글자 한 토씨 독수리 타법으로 이뤄냈다.

문학이라는 오솔길을 걷다 보니 예전 무턱대고 용감하기만 했던 자신이 괜스레 쑥스럽고, 하면 할수록 쓰면 쓸수록 독설과 질타가 난무하는 것 같아 자꾸만 조심스러움이 앞선다.

기성작가들처럼 다양한 영역을 교감할 수 없어 주제 선택의 폭이 좁아도 처음 다려낸 약이 진하듯 고도로 농축된 글을 쓰려 노력했다.

세월의 반이 한 권의 책 속에 다 스며 있다. 가족의 사랑과 장애인의 고뇌를 비장애인들에게 조금이나마 알리고, 장애인을 도움이나 그리워하는 인간으로 보는 잘못된 상식을 타파하고 싶었다.

아직도 이 세상은 배려와 당연함을 착각한다. 당연히 누려야 할 복지와 공공시설이용에 대해서도 베푸는 것으로 인식하는 모순 앞에서 장애인은 일상생활과 사회생활에 제약을 받는 신체적 결함을 지닌 약한 존재, 한 시대를 동행할 사회의 구성원으로도 비치지 않았다. 사실이나 현상을 보고도 주장이 성립되지 않는 현실에서 할 수 있는 것이라곤 몸에 쇠사슬을 걸고 사회에 맞서 울부짖는 것이었다.

상투적인 단어가 많고 상징적 문체가 부족할지도 모르겠다. 현대인의 다양한 희로애락을 밀도 높게 다루지 못함도 클 성싶다. 인물의 행동과 사건 중심의 단선적 구성이 아니라 궁금증과 실태와 본질을 증폭시키지 못함도 인정한다.

하나를 찾기까지 신발처럼 끌고 다니던 네 개의 고무바퀴는 늘 한계란 거리에서 관망하는 게 재주라 가볍고 느릴 수밖에 없었다.

난 그런 작가다. 그렇게 피워낸 눈물과 고난의 꽃이 이 한 권의 책이다.

마음으로 걷는 길

일제강점기와 6 · 25전쟁을 치르면서 우리의 산야는 멍이 들었다.
땔감으로 베어져 아랫목을 데우려 아궁이에서 제 몸을 사르기도 하고,
녹록하지 않은 이의 지게에 묶여 저잣거리로 나가는 신세에
잘난 소나무 한 그루 찾을 수 없을 만큼 붉은 속살만 드러냈다.

아버지의 들녘

일제강점기와 6 · 25전쟁을 치르면서 우리의 산야는 멍이 들었다. 땔감으로 베어져 아랫목을 데우려 아궁이에서 제 몸을 사르기도 하고, 녹록하지 않은 이의 지게에 묶여 저잣거리로 나가는 신세에 잘난 소나무 한 그루 찾을 수 없을 만큼 붉은 속살만 드러냈다.

새마을 운동으로 확성기에서 우렁차게 흘러나오는 〈나의 조국〉(백두산에 푸른 정기 이 땅을 수호하고 한라산에 높은 기상 이 겨레 지켜왔네)을 합창하며 나무 심기 부역에 잡초를 두엄으로 삭혀 피폐해진 강산에 지심을 불어넣던 어르신들의 부지런에서 초록의 미소가 번졌다.

산들바람이 상봉을 휘감아도 물바가지로 배를 채우던 개구쟁이들의 쥐뿌리 씹던 소리에 함석판 둘둘 말은 볼품없던 굴뚝에선 희뿌연 연기가 실오리처럼 목을 빼면 하루해를 갈아엎은 황소가 '음매' 늦은 저녁을 재촉한다.

농기계가 몇 집 안 되던 빈촌이라 묵정밭에 콩을 심으려 손가락이 부르트게 돌부리를 골라내고, 농부의 호미질에 난자당한 잡초처럼 가쁜 숨을 돌려보지만 답답한 속을 알아주는 건 한 개비의 담배 연기뿐이다.

무심한 하늘은 얄밉게도 청명하다. 조금 전까지 손발을 맞추던 누렁이도 제 실속 채우기에 여념이 없으니 피곤함에 지친 육신과 희망 없는 농촌의 삶이 내어 쉬는 한숨마저 검게 물들인다.

누가 이 폐부에 응어리를 씻어주겠는가.

텁텁한 막걸리 한 사발이 간절할 무렵 해거름 노을도 창백한데 마냥 세상을 안주 삼을 수 있나. 엉덩이에 묻은 흙을 툴툴 털며 시름을 쟁기질로 덮는다.

'이라 좌라' 고래고래 고함을 지르는 풍경이 구성지다 못해 서글프기까지 하다. '푸푸' 콧방귀로 푸념 타령을 해봐도 하루 삭갈이를 끝내지 못하면 오는 어둠도 고삐에 얻어맞는다. 그렇게 가족의 안위와 가축의 건강을 챙기며 반상飯床으로 고단함을 달래도 시작과 끝을 알 수 없는 일상은 봄가을이면 유달리 일손이 부족해 서로서로 품앗이하거나 한 달 전부터 달력에 동그라미로 굵직이 택호를 그린다.

햇살이 온 들녘을 달구면 퍼진 국수 한 그릇이 곧 새참이자 이웃 간의 끈끈한 정이었고 '고수레' 나누어 먹는 찬밥 한 덩이가 액때움을 막았다.

풍년을 염원하는 꿈도 무사안일을 바라는 소망도 천재지변 앞에 보잘것없이 허물어진다. 도랑물이 철철 넘치는 장맛비에, 타들어 가는 가뭄에, 살을 도려내는 병충해로 폭양에 찌든 주름살에 수심이 깊다. 애간장을 녹이며 수확의 기쁨을 맛보기도 전 명을 달리하는 것을 보면 어찌 자식을 잃은 아픔과 다를 수 있을까.

열 손가락 아리지 않는 것이 없어 밤잠을 붙들어 매며 하늘에 원성한들 돌이킬 수 없는 일. 자신의 몸에 생채기를 내어 수액을 뽑는 고로쇠나무처럼 온 육신에 피땀을 쥐어짜며 꺼져가는 생명을 붙잡으려 무던히 용을 쓴다. 그 누가 염서에 흘러내리는 땀의 짠맛을 알까. 그렇게 하여 얻어낸 것이 한 톨의 쌀이다!

햇빛, 바람, 물이 농부의 몸을 빌려 내려준 하늘의 선물이 아닌가.

기름진 넓은 벌판 펼쳐진 곳에 오곡백과가 풍성하면 참새의 콧노래와 허수아비의 어깨춤에 무르익던 벼들은 마냥 고개를 떨군다.

이것이 수확의 기쁨이요, 한 해를 마음 졸인 보상의 대가가 아니고 무엇이랴.

삼삼오오 낫으로 벼를 베는 추수의 즐거움에 허리의 아픔도 달아나고, 몇 날 며칠 청명함을 기대하며 노적가리를 파고든 탈곡기가 터질 듯 버둥질을 한다.

자욱한 땅거미에 겨우내 여물이 되던 짚단이 한단 두단 몸집을 불리면 이삭줍기 여인네같이 한 톨의 낟알도 허투루 버릴 수 없어 온 식구가 코를 박고 티끌 모아 태산이다. 누런 추곡이 정미소에 쟁이면 무뎌진 손바닥의 지문도 제자리를 찾고 머지않아 목돈을 만질 배상買上을 기대하며 손 풍로가 젖 먹던 힘까지 비람을 토한다. 먼지와 쭉정이가 가면을 벗은 채 인간들이 그토록 오르기 싫어 망설이던 저울 앞에선 나락 포대에 마음 또한 무겁다.

한 치 건너 우후죽순 농토를 갉아먹는 아파트와 각종 형질변경으로 매립 공사의 덤프트럭이 불야성이다. 도로 가장자리는 음식점과 주유소, 쾌락의 이유로 지어진 러브호텔들. 이것들이 급속히 변화하는 자본주의에 더불어 가야 하니 안타깝기 그지없다. 농촌의 장래를 걱정하는 농부의 앞날이 쭉정이처럼 쌓여 간다.

물과 흙은 곧 생명과 직결된다. 머뭇거릴 시간조차 없는 세상에 도태되지 않으려 달음박질쳐도 시대의 흐름이 초고속인 걸 어찌 탓하랴. 이유타산에 손안의 이익만 추구하는 현대인들을 불편한 진실이라 단정 짓기 전에 득만 따지며 욕심이 목까지 차오른 인간들이 선택한 서글픈 자화상이다.

청초에 묻혀 우물 안 개구리로 살아온 촌동도 의젓한 지천명의 목전에서 과거를 더듬는다. 개구리 뒷다리를 구워먹으며 친구들과 빨가벗고 멱을 감아도 흉보는 이 없었고 피부병도 두렵지 않았던 추억들이 흑백사진처럼 퇴색한다.

아쉬움도, 소중함도, 배고픔도, 모르는 풍족한 세상에도 어렵고 힘든 시절보다 못한 것이 너무나 많다. 핵가족이 부른 형제간의 우애단절, 응석받이 하나 자식으로 예의범절 무시, 콘크리트 공간에서 사라진 이웃 간의 정겨움, 물도 사 먹어야 하는 야박한 인심, 미모 지상주의 다이어트 선호에 음식물 기피, 인간미를 상실한 총체적 원인이 삭막함을 부추기기에 나만 아니면 된다는 독립적 성향이 탄생하는 것이다.

이제는 농촌도 달라졌다.

농부의 손을 대신해 각종 농기구가 그 자리를 도맡았다. 소가 하던 일을 경운기를 거치면서 트랙터로, 수동탈곡기가 자동으로, 바인더에서 콤바인으로 참 유구한 세월 속에 변화의 물결이 희끗희끗해진 머리칼에 고스란히 묻어난다.

21세기 중금속에 노출된 몸을 잘 먹고 잘 살거라며 온갖 건강식품과 유기농법, 친환경을 선호하다 보니 쌀까지 메뚜기, 붕어, 우렁이, 참게, 오리쌀이 판친다. 간혹 씻어서 나오는 것도 매체에서 보았다.

웰빙well being이란 거창한 단어로 현혹하지 않아도 인간의 몸에 건강 외에 더 소중한 게 뭐가 있을까마는 적당했으면 하는 게 도를 넘을 때가 있다. 쌀과 모든 채소에 화학비료와 농약대용으로 지렁이와 무당벌레를 이용해 땅을 살리고, 그곳에서 얻은 명품 농작물로 각종 질병에서 벗어날 수 있다면 바랄 게 뭐랴.

목초액과 설탕, 각가지 한약재를 발효시켜 재배하는 장인정신은 높이 살 만하지만, 흉내만 내고 서민의 눈을 우롱하는 파렴치한 몇몇 비양심 때문에 흙에 몸담는 농민들이 울상이다.

좋은 농산물을 생산하고도 의심스러운 듯한 눈빛과 제 몫조차 쳐주지 않는 가격에 무너지는 농심, 농가 부채를 탕감하지 못해 자살민절自殺悶絕하는 일들이 주위에서도 쉽게 목격된다. 소리소문 없이 야반도주에 가족 같았던 가축을 신연에 묻어야 하는 일들이 맥 빠지게 하고 죽음의 길로 내모는 게 아닌가.

높은 은행이자에 허덕이다 농지는 부채탕감을 위해 외부인의 손에서 투기목적으로 이용되고, 소작하던 사람들마저 위탁영농에 맡기려 해도 쌀이 밀가루보다 희소가치가 떨어져 경작을 꺼린다.

우루과이 라운드, FTA 협상 개방으로 선진국의 값싼 농산물이 봇물 터지듯 밀려와 생존권을 위협받으니 결사반대를 외치며 갈아엎거나 머리띠를 동여매며 농기계를 몰고 거리로 나오는 게 아닌가. 땅땅거리기만 하던 농지도 제자리를 잃어 휴경지가 늘어나고, 풍년을 염원하는 마음도 사라지는 농지처럼 차츰 퇴거를 한다.

이앙기의 손길이 닿지 않아 벼들이 부초처럼 떠다녀도 발에 흙을 묻히며 다시 주워 심던 시절은 과거 속으로 사라졌다. 논바닥에 피가 가득하든, 멸구와 도열병이 극성을 부리든, 모내기만 하고 나면 그만이다. 인건비와 농약비로 비싼 노동력을 지출하며 한 줌의 쌀도 건지려 욕심내지 않는 게 지금이다. 심어서 열리면 먹고 안 열리면 배달해주는 것 사서 먹으니 애쓸 이유가 없기에 메뚜기, 우렁이, 오리농법이 뭐 필요한가. 한 푼이라도 아끼려 약 안 치는 건 매한가진데….

무엇이 농촌을 벼랑 끝으로 내몰고 농민의 선의를 이토록 사멸하게 했나. 농촌이 살아야 나라가 산다는 건 지각이 있다면 누구나 안다. 내 부모가 그러했고 앞으로 내 자식이 이 땅을 밟으며 여기서 자란 신토불이로 숨쉴 것이다. 쌀이 처치 곤란이다 하여 우량농지를 돌로 채워 부족한 산업용지로 대토한다면 반드시 20년 후엔 곡물 파동보다 더한 전쟁이 일어나리라. 언제까지나 풍족할 것 같아도 꼼짝거리지 않으면 창출되지 않는 게 농산물이며 그게 일용할 양식의 원재료다.

공장 컨베이어가 쉴 새 없이 돌아가도 그 위에서 곡물이 생산되진 않는다. 지금 필요한 것 중 하나가 매사를 멀리, 넓게 바라보는 미망迷妄이다. 등잔 밑이 어두운 것처럼 훗날 수확을 늘리려 아스팔트를 걷어내는 수고로움을 범하지 말길.

"농토는 소중한 것이다"

모두가 아끼며 보존할 때 황금 들녘에서 울리는 영추송에 유년도 아름다워진다. 인스턴트와 패스트푸드에 잊힌 입맛을 되돌려 줄 사람도 곧 농민이다. 그분들의 땀을 잊고 흙의 감사함을 모른다면 훗날 뒤주 밑을 끌어야 할지도 모르리라.

마음으로 걷는 길

불혹을 넘어서다 보면 슬퍼서 눈물겹고 기뻐서 배꼽을 쥐는 일이 다분해도
하나쯤은 잊히지 않아 낡은 사진처럼 기억에 끼운다.
좋은 추억만 간직해도 좋으련만 지워지지 않고
불현듯 어제 일같이 뇌리에 뚜렷이 남아 연민도 동정도 그 무엇도 아닌
가슴 한편에 버릴 수 없는 아련한 조각으로 남는다.

아픔이 묻은 자리

불혹을 넘어서다 보면 슬퍼서 눈물겹고 기뻐서 배꼽을 쥐는 일이 다분해도 하나쯤은 잊히지 않아 낡은 사진처럼 기억에 끼운다. 좋은 추억만 간직해도 좋으련만 지워지지 않고 불현듯 어제 일같이 뇌리에 뚜렷이 남아 연민도 동정도 그 무엇도 아닌 가슴 한 편에 버릴 수 없는 아련한 조각으로 남는다.

25년도 훌쩍 더 지난 해묵은 일이건만 왜 아직도 버리질 못하고 순간순간 슬픔으로 되살아나는지 모르겠다. 잊어버리고도 싶고 영영 기억 저편으로 틀어버리고 싶지만 그럴수록 더 단단히 달라붙어 떨어지지 않으려 한다. 생생한 한 남자의 아픈 과거가 말이다.

마산, 창원, 진해가 통합 창원시로 거듭나면서 100년의 역사를 가진 마산시가 타임캡슐과 함께 역사 속으로 묻혀버렸다. 물 좋은 가고파의 산실인 마산의 화려했던 과거의 주 무대가 오동동 · 창동 거리다. 서울의

명동과 버금갈 만큼 패션과 자유가 꿈틀거리던 낭만의 거리. 오색찬란한 네온 불빛 아래 연인들의 다정한 사랑가가 울려 퍼지고, 격동의 80년대 사회발전의 휴식공간이기도 한 문화와 축제의 장이 어우러진 젊음의 숲이었다.

그런 환상의 나래를 펼치며 정열을 불사르던 한 나이트클럽에서 그리움의 한 페이지를 넘겨본다. 한창 둘리스의 '원티드' 팝송이 쉼 없이 돌아갈 때 현란하지도 거창하지도 않은 중소도시의 나이트클럽 조명은 촌스러움이 덕지덕지 붙었어도, 시골 촌놈들이 쉽게 접할 수 없는 도시와 소통의 고리이자 잠시의 유행을 따라가는 런 어웨이였다.

그곳에 덩그러니 작은 테이블에 홀로 침묵을 삼키며 무대에서 시선을 떼지 않던 한 남자. 디스코와 블루스가 서로 부둥켜안아도 외로운 늑대를 고집하더니 어느 순간 그의 종적은 짙게 내려앉은 담배 연기처럼 묘연했다. 어디로 사라진 것일까 즐기지도 않을 걸 무엇하러 비싼 기본료를 내며 무게도 없는 똥폼을 잡을까. 어디 아가씨들이 '오라버니~' 콧노래라도 부르며 맥주라도 한잔하자며 매달릴 줄 아는가. 시간은 어지러운 사이키 조명처럼 도는데 고독을 씹는 이유가 대체 무엇일까. 궁금증이 절정에 닿을 무렵 "우~ 우" 여성들의 격양된 환희를 헤치며 희미하게 드러난 남자.

160㎝, 남자치곤 다소 작은 키에 통통하게 살이 오른 그러니까 하늘 높은 줄 모르고 땅 넓은 줄만 아는 취사반 방위병 같은 스포츠머리. 얼핏 동년배 같았으나 짙은 얼굴에 말 못할 사연을 붙이고도 사지가 천지를 휘젓

는 쌍권총과 토끼춤을 다양하게도 소화해 내는 춤꾼으로 등장한 것이다.

춤이라면 둘째가라면 서러워할 재간둥이들을 가장자리로 밀어내고 독점해버린 무대가 박수와 리듬 속에서 뜨거워져 갔다. 그러다 다시 세차게 번져온 "우~ 우" 함성은 더 이상의 환호도 야유도 아닌 여성들만이 도달할 수 있는 괴성이었다. 조금 전까지만 하더라도 리사이틀이자 독무대였던 그 자리.

한산한 비명만이 어리둥절한 듯 넋을 놓고 서 있다. 흥분의 도가 넘어 폭발해 버린 것이다. 월드가수 비처럼 윗도리를 벗어 달라붙은 민소매에서 끝을 내었어야 했을 것을 더한 욕심에 상반신을 노출해 버렸으니. 지금에야 흔히들 짐승남이라며 몸짱을 과시하며 시도 때도 없이 복근을 드러내지만 80년대는 질서를 어지럽히는 풍기문란으로 곧장 파출소 신세였기에 어깨를 들썩이며 엄지손가락을 세우던 웨이터들이 가만히 두고 볼 리가 만무했다.

졸지에 영웅에서 망나니로 추락하여 웨이터들에게 사지가 포박당해 윗도리도 건지지 못한 채 퇴장하는 씁쓸함을 지켜보면서 정도를 벗어나면 수모가 따른다는 걸 왜 알지 못했을까. 힘든 도전과 과정을 딛고 올라서면 내려옴도 쉽지 않을 텐데, 손쉽게 올라가 얻은 것은 쉽게 추락하는 게 당연하다. 홀로 초라하게 김빠진 거품처럼 풀죽어 있던 몇 분 전의 상황이 재생을 반복하는 LP판처럼 돌아갔다.

사각의 공간에서 더 이상의 춤사위는 몸부림이자 무무함이었다. 어디로 갔을까 혹시 신나게 두들겨 맞지나 않았는지 궁금증이 부풀어 오른다. 생전 초면이지만 왠지 신경이 쓰임은 어인 연유인지. 식어버린 여흥을 끌어올릴 시간도 자금도 만만치 않아 DJ의 싸구려 외래어에서 벗어나니 차마 인간이란 족속의 야비함에 그의 허물은 주인 잃고 초라함만 너덜거렸다.

무위의 옷자락보다 더 불빛에 빛났던 흔적이 구둣발에 난자당해 으슥한 전봇대 귀퉁이에서 찬바람에 얼룩진 서리꽃으로 피었을까. 무엇을 잘못하였기에 추위를 피할 옷가지마저 걸치지 못하고 사라졌는지, 문전박대당할 때 비스듬히 흘러내린 주름 잡힌 바지는 몸에 붙어 있었는데 무참한 욕박질에 혼이 났으면 자신조차 보호하지 못했을까. 어딘가 막다른 골목길에서 어둠을 두른 채 웅크려 떨고 있을 걸 생각하니 나도 모르게 반사적으로 몸을 일으키고 있었다.

한 겹 두 겹 주우면서 안됐다는 생각보다 처량하다는 애처로움에 먼저 다가갔던 거였다. 뭘 하였던가. 빗자루에 낙엽같이 쓸려 나갈 때 도움도 주지 않고, 조금만 거들어줬더라면 오갈 수도 없는 벼랑 끝에 당면하지 않았을 텐데. 남의 일이라고 불구경하듯 외면한 나를 용서하기 어렵다. 두서너 명쯤은 단박에 해결할 떡대를 아꼈으니.

잠시 전 과거를 붙들고 옳니 그러니 하는 것도 여유로움이다. 일 초라도 빨리 사냥개처럼 오감을 동원하여 수색에 나섰으나 쉬이 노출될 리가 만무했다. 번잡한 시내 중심가 만산편야를 어떡해.

목적지 없는 발걸음이 한 30여 분 내디딜 무렵 뒤에서 "우" 하며 귀에 익었던 옥타브가 너울처럼 밀려왔다. 무슨 일인데 웅성거릴까?

정신 나간 놈이 한 놈 더 있다며 고개를 돌리는 순간 인파가 바닷물처럼 갈라지는 모세의 기적이 일어나고야 말았다.

시선에 꽂힌 어렴풋한 접사현상. 발등까지 훤히 비쳐오는 각양각색의 네온사인을 뿌리치며 달려오는 강렬한 물체. 피하지도 돌아설 겨를도 없이 일렬횡대로 우리의 일행은 1대 6 정상회담에서 본 듯한 장면을 연출하듯 마주 섰다. 자그마한 체구의 이상한 놈과.

악수와 가벼운 포옹도 나눌 수 없는 사이건만 벌써 주위에선 휘파람을 불며 열렬한 환호로 도심을 밝힌다. 우리는 야하디야한 아우성과 야유의 쓰나미에 휩쓸려 버렸다. 몰려 온 비참한 아수라장과 연결고리를 맺은 듯한 시선이 파도를 친다. 그럴 수밖에 없었던 게 손에는 꾸겨진 옷이 사지를 흔들며 기뻐했고 앞에 선 목석은 실오라기 하나 걸치지 않은 알몸에 신발은 생엿과 바꾸어 먹었는지 검은 양말 한 짝에 그 남자가 조금 전까지 찾던 그 장본인이었다.

동정 그 이상의 몰골, 누구 좋으라고 이 짓을 하느냐며 자신에게 질문을 던졌고 졸지에 변태의 일행이 되어버린 날카로운 시선에 옹찬 주먹이 사시나무 같던 그놈의 싸대기를 후려쳤다.

퇴폐적인 순간에서 재빨리 벗어날 방법은 그것밖에 떠오르지 않았다. 나름대로 화도 치밀었지만, 순찰차가 출동하기 전에 벗어날 최상의 선택이었다.

"오냐오냐"

"그래그래"

설득하며 분열된 무의식을 고착시킬 수도 없을 뿐더러 동공이 흐려진 공황상태에서 말을 고분고분 들을 상황도 아니었기에 이유도 모르고 핵 주먹을 맞은 기분은 천만번 이해하면서 바닥에 엎어뜨려 옷으로 대충 둘둘 말아 허름하고 캄캄한 골목길로 숨겼다.

냉기 어린 몸에선 굵은 선인장 같은 닭살이 매섭게 노려본다. 만인의 눈살에 상처투성이가 된 피폐한 육신으로 엄폐할 인공물을 찾아다닌 걸 보며 현실이 그어놓은 도덕과 윤리라는 선에서 조금만 이탈해도 영락없이 정신병자나 이상자로 취급해버리는 이 사회가 못내 아쉽다. 반복된 잘못은 따끔한 매와 제재가 제격이지만 실수를 실수로 봐주는 인정이 있어야 실수가 후회를 낳고 후회가 반성을 부르며 깨우쳐 나가는 것이 인성을 키우는 지름길이다.

정의사회를 구현하는 민중의 지팡이도 아닌데 왜 그렇게까지 하느냐고 질문을 던진다면 딱히 할 말이 없다. 악당과 싸워 여성을 구해주는 파랑새가 되고, 지하철에 떨어진 사람을 소중한 목숨마저 포기하며 구하고, 철로에 떨어진 아이를 발목이 절단되면서까지 구하는 살신성인은 아무나 못하지만, 그 순간 그 입장이라면 우발적이든 계획적이든 몸을 날리지 않을까란 생각을 해본다.

왜 이 지저분한 진흙탕에 빠졌는지 모르겠다. 위에 수호천사들처럼 외면하지 못해 깊은 곳까지 떠밀려 와버린 꼴이라 발을 빼기가 힘겹기만 하다. 홀로 버려두고 갈 수도 없지 않은가. 우리마저 보호해주지 않고 장님 짓을 한다면, 과연 저 처지에 놓였다면 외면한 손길에게 간절히 부탁하고 싶은 마음은 아니었을까. 입장을 바꿔놓으면 공감할 일이지만 그렇지 않다면 색안경으로 그를 옭아맬 것이기에. 어떤 사물의 본심을 헤아리기보다 옅은 상식으로 어림짐작과 판단의 그릇된 핀잔에서 압박을 풀어주려 했다. 악담도 커다란 처분도 같이 맞을 각오로.

푸르게 멍들어 버린 허벅지가 짧은 바짓가랑이 사이로 비치고 황톳빛 속살이 두툼한 재킷에서 따뜻해질 때 기웃기웃 주시하던 비열한 눈초리들만 벗어난다면 조금 전 모노드라마는 전혀 알 수 없을 것이다. 신발이 없으니 시린 발은 달래볼 방법이 없어 양말이 털신 역할을 하며 사이좋게 팔짱을 끼고 걸었다.

포장마차 따끈한 선지국밥과 소주한 잔이 코끝을 맴돈다.

두서너 잔 연거푸 마신 소주에 서서히 빗장이 풀리기 시작했다. 아픔이 묻은 자리에서 볼 수 없었던 옅은 미소. 앞에 앉은 위인이 달밤에 체조하던 그 자식인가. 고맙다며 단무지 노랑 물이 들 만큼 머리를 조아리던 이놈이 어쩌다가 쇼를 부렸는지 묻기도 전에 녹은 가슴에서 사연이 타 내리기 시작한다.

늘 작은 키가 콤플렉스였던 유년기. 제대로 된 사랑 한 번 해보지 못한 채 친구들과 어울리려 온갖 궂은일로 비위를 맞추던 청소년기. 내로라하는 대기업에 방직공으로 다져진 청년기. 널려 빠진 아가씨 중에 그 마음 하나 받아줄 여인이 없다 보니 소개팅이란 말에 이성을 잃을 만큼 갈구하던 사랑.

그날도 소개팅이란 직원들의 얄팍한 감언이설에 술값까지 총대를 맸건만 아가씨는커녕 동료마저 빈맥주병 빠져나가듯 쏙쏙 줄행랑쳐 버렸다. 어수룩하여 술에 이용당하면서도 오늘은 아니겠지 순진한 마음은 믿음으로 다음을 기약했나 보다.

호구虎口가 되어 홀로 남겨진 자신이 바보스러웠고 주머니까지 텅 빈 처량함에 몸서리쳤던 터라 하늘을 찌르고 땅을 굴렀는가보다.

환호인지 호응인지 점점 리듬을 타면서 관심의 대상이 주목의 대상으로, 느낌이 플러스로 추가되어 주체할 수 없는 흥분에 턱까지 차오른 피날레. 사실 좀 무리하는 것 같더라. 간간이 팔다리의 위치가 바뀌었고 등과 가슴이 바닥에서 팽이처럼 돌 때 알아보던지 말렸어야 했는데 똥인지 된장인지도 모르고 끓고 말았네. 참말로.

"순진한 청춘아!"

"그나마 다행이다!"

어지럼증이 저승길을 잡아줬어.

"왜 웨이터에게 잡혀 나갔노 잘 흔들던데."

디스코가 끝나면서 조용히 마이클 잭슨 뒷걸음 춤(문워크)으로 장식하려 했으나 얼마나 용을 썼는지 가슴이 터질 것 같아 평상시와 다름없이 메리야스를 입은 줄 알고 멋지게 와이셔츠를 벗었는데 와~ 하는 소리가 '잘한다 잘한다' 로 들리더란다.

앗싸!

착각이 발악의 끝에서 암흑의 종지부를 찍고 말았다. 요즘이야 디스코경연대회를 보다 보면 속살은 예사고 여성으로서의 인격문제가 의심될 만큼

추하기 그지없다. 겨우 양주 한 병에.

좋게 평가하자면 숨은 끼를 발산함이고, 내숭은 멋대가리 없는 개성시대에 훤칠함을 드러냄을 매력으로 비추니까 어쩌면 당연한지도. 가릴 곳이 어디 있고 부끄러움이 어디 있으며 예의는 뭐고 교양은 뭔 소린가. 요즘과 비하자면 싱겁다 할 판이다. 대중 매체에서도 훌떡훌떡 뒤집으며 복근을 강조하고 초콜릿 피부를 보여주려 상반신 탈의를 연출한다. 그 사람과 이 사람은 틀리고 그 몸매와 이 몸매는 다른 시대를 살아가는 융통성에서 오는 너그러움이다.

"그 다음은 왜 양말만 신고 노루처럼 펄쩍거렸노?"

"형님! 비 오는 날 먼지 나도록 맞았습니다."

정신도 혼미한데 무자비한 주먹질과 변태새끼라며 날아온 발길질을 피하려 몸부림치다 보니 바지도 속옷도 없더란다.

나쁜 사람들, 돈 앞에선 허리가 땅에 닿으면서 이면에선 쓰레기 취급하듯 버리고 명멸한 빛을 드나들며 '예. 예.' 알랑방귀 노릇을 한다. 그곳에 종사하는 분들이 다 그렇다는 건 아니다. 지금은 자신을 부각시키려 애칭을 걸고 사명과 책임감으로 경쟁하지만 예전엔 그러지 않았다는 게다. 어깨에 힘깨나 들어간 분들의 하수인 역할을 하며 약자에게 굴림하려 했던 게 사실이기 때문이다.

고객보호가 뭔 말라빠진 콘셉트인가. 창틀에 바람 기웃거리듯 즐기고 싶고 가진 건 없고, 문 앞에 서성대며 돈 안 들이고 놀아보자는 심산이다. 그 문화가 지금은 얼굴도 이름도 모르는 남남이 하루 저녁 소위 방탕의 대명

사가 된 부킹. 그나마 외롭고 짧은 시간 모든 걸 잊고 즐기기엔 더없어도 예전엔 그것조차도 없었으니 사랑에 굶주린 자에겐 남같이 옷고름이라도 풀어보려는 간절함이 엄청난 문란에 휩싸인 주인공이 된 게다.

건강한 육체를 가지고도 사랑의 고갈에서 오는 정신적 스트레스가 오히려 감정을 제어하지 못해 절체절명으로 치달음을 목격했다. 바른 정신의식을 위해 적절한 인간관계가 필요해도 하나같이 향락의 도구로만 여겼을 뿐 사람과 사람을 이어주는 연줄은 아니었다. 한참 외모에 신경을 쓸 이십대 초반. 사회의 굳건한 받침이 될 나이. 옛 선비가 길을 잃을까 중간 중간 윤도輪圖를 보며 과거 길을 집어가듯 인생길에 나침반이 어디 있나. 걸어가다가 엎어지기도 하고 달려가다가 무릎이 까지는 부주의에서 여유도 생기고 활력도 얻는 거지.

질주 같은 인생살이에서 늪에 빠져 혼자 암담한 현실에 발버둥을 쳐봤자 자꾸 깊이 빨려드는 경험을 해봤을 것이다. 어떠한 해답도 없이 막막할 때 지푸라기라도 잡을 수 있는 가느다란 도움이라면 가슴에 고마움이 돋지 않을까.

차디찬 새벽이슬처럼 술잔에 눈물보다 쓰디쓴 정을 채워주고 싶어도 딸랑거리는 버스비에 정처 없이 걸어가야 할 두 다리의 원망이 두렵다. 촌뜨기의 부푼 충만감에 남을 헤아리는 혜량이 조금이나마 생겨 다행이라 여기며 엄연한 범법행위가 되었을 어린 날의 짜릿했던 사연 한 가지를 담아간다. 실수라 해도 좋고 과오라 해도 괜찮다. 사람은 다 그렇게 하면서 살아가니까.

많은 세월이 흘러 그때의 아픈 기억이 해를 거듭하면서 더 단단히 엉겨 붙어 고드름처럼 자란다. 사랑과 인연에 외로웠던 젊은 날의 초상이 이젠 고운 반쪽을 만나 향기 나리며 아름다운 결실을 맺었으면 하는 바람이다.

마음으로 걷는 길

음력 10월 21일은 스무 고개를 함께한 아내의 생일이다.
혀끝이 피운 말이란 원고를 쓰려고 컴퓨터 앞에 앉은 날도 하필 생일이다.
우연한 일치일까!
어찌하여 동일同日에 마음을 움직이게 되었는지.

혀끝이 피운 말

음력 10월 21일은 스무 고개를 함께한 아내의 생일이다. 혀끝이 피운 말이란 원고를 쓰려고 컴퓨터 앞에 앉은 날도 하필 생일이다. 우연한 일치일까!

어찌하여 동일同日에 마음을 움직이게 되었는지. 몇 해 전 잊고만 싶었든 일들이 비누거품처럼 터져 꼭 이 글을 쓰고자 생일을 기다린 것 같아 헤진 가슴 사이로 휑하니 바람이 돈는다.

연예인들의 단골 메뉴인 깜짝 이벤트와 무릎을 꿇고 '함께해줘 고마워' 하며 감동도 줄 수 없어 차려준 음식을 맛나게 먹어주는 게 유일한 선물이다. 어제저녁 딸이 시험기간이라며 밤늦게 들어와 눈동자를 두리번거리며 귓불을 잡아당긱다.

"엄마 선물 준비해 놓았으니 걱정하지 말라"며 으슥한 몸짓을 한다.

용돈도 풍족하지 않는데, 엄마 모르게 티끌처럼 모아둔 비상금도 둘만의 비밀장소에 숨바꼭질하듯 들앉아 있는데 내색도 않고 학원을 마친 늦은 시각에 장만하여 다음 날 등교를 하면서 넌지시 식탁 위에 올려놓고 간다. 선물 귀퉁이에서 싱긋이 웃음을 머금은 카드를 읽으며 생각 없이 덤벙대는 것처럼 보여도 이럴 때 보면 다 컸다고 뿌듯해 한다.

“좋나! 어디에 쓰는 물건인데”

“용도가 따로 있소. 필요한데 쓰면 되지.”

화장품 담으면 좋겠다며 흡족해하는 미소에 아침 햇살이 떨어진다.

“제발 저 시끄러운 전화 좀 어떻게 해봐라. 벨 소리에 울렁증이 다 생길라 한다.”

문자메시지를 전송하느라 엄지손가락 지문 닳는 냄새가 액정화면에 가득하다.

“아이고 참 그놈의 생일이 뭔지.”

직장생활을 하는 조카들과 서도학원 동료, 피트니스 회원들, 아파트 주민, 처가 식구들까지 한꺼번에 밀어닥친 전화벨이 텔레마케터 고객관리하듯 환청이 생길 정도다. 아무래도 멀리서 조카들이 아는 걸 보면 분명 딸의 소행이 틀림없다. 제 엄마 생신이라며 축하 메시지를 날리라고….

“하라는 공부는 안 하고 시키지도 않은 건 잘해요.”

가정주부가 아는 사람이 왜 그리 많은지. 몇몇 아파트 지인들은 생일을 챙겨주기로 했다며 외식에 케이크와 꽃다발을 한 아름 안고 빼적지근하게 들어서선 저녁은 가족과 함께하려고 모든 일정을 조정하였다나 뭐라나.

어처구니가 없어 입이 딱 벌어졌다.

'정말 대단한 아줌마야.'

살림하는 주부가 생일이 뭐가 중요하다고 호들갑이고 미역국에 팥밥 한 그릇 말아먹으면 만사 딱이지. 선물 받으면 다음에 다 돌려줘야 할 빚이거든. 그러니까 내년부턴 적당히 합시다. 유별나게 놀지 말고 알았지요.

장난 섞인 말투로 충고 아닌 부탁을 하였지만, 지금까지 누릴 것 못 누리며 스스로 자제해왔기에 생일이라도 잠시 행복한 웃음을 갖는다는 게 흐뭇하기 이를 데 없다. 그렇지 않고 홀로 쓸쓸히 지낸다면 우울감에 젖어 더 외로워할 것이다. 적당히 넘어가길 바랐으나 잊지 않고 장미 한 송이라도 가슴에 안겨준 분들이 계셨기에 감사하다.

대리만족이라 할까?

신랑 대신 주위에서 기쁨을 줄 수 있다면 다음에 다 빚으로 돌아와도 좋다. 몇 푼의 돈으로 마음을 충족시키진 못해도 주위의 관심과 배려가 돈이 대신할 수 없을 만큼 따뜻한 정이 담겼기에 더더욱 값어치로 환산하기 어렵다.

해마다 말없이 지켜만 보던 무뚝뚝이에게 한 통의 전화가 왔다.

올해도 어김없이 저녁에 밖에서 만나자는 선배님이다. 몇 해를 날짜도 잊지 않고 챙겨준다. 갈비 먹고 싶다며 한사코 외식을 강요하던 딸. 시험이 코앞이라 학원을 마치면 11시가 넘기에 오늘 가족외식은 다음으로 미뤄야 할 것 같다.

"우리 딸 시험 잘 치면 아빠가 돼지갈비도 아닌 소갈비 사줄게." 하지만 식성이 닮아 그런지 호주머니에서 잘그랑 소리를 들었는지 돼지고기를 더 즐긴다. 입맛도 참 저렴하기는.

그리고 울 엄니 오늘 저녁에도 강아지와 싸우며 혼자 계셔야겠네.

함께하지 못해 미안하지만 어쩔 수 없는 아들의 심정을 알아주시겠지. 올 때 맛난 것 사다 드릴게요. 아무 곳에도 손대지 말고 고이 계시소. 착하지요, 울 엄마.

가스도 잠그고, 전화기도 내려놓고 문단속을 철두철미해도 다녀오면 사고를 쳐놓기에 홀로 두고 가는 마음도 바늘방석이다.

어쩔 수 없다. 그렇게라도 잠시 잠깐 자리를 비우지 않으면 바깥바람 쏘일 일이 없으니 걱정은 쌓여도 달리 방도가 없다. 기약 없는 노병이라 매일같이 옆에서 손발이 되어드릴 수도 없는 노릇이고, 현관문을 잠그더라도 밀린 볼일은 해결해야 하기에 무사안일을 바라며 열쇠고리를 걸고 약속장소로 향한다.

"룰루랄라."

소주 몇 잔에 거나한 홍당무가 되어 노래도 한 곡조 뽑고, 명멸한 가로등 아래를 거닐며 이 밤을 불살라 보세. 생일을 핑계로 내가 살판났다. 얼마 만의 외출이고 외식인가. 선배가 아니면 이런 즐거움도 좀처럼 기회가 드물다. 계단만 보이면 비위가 상해 돌아서려는 고약한 성깔머리 때문에.

"솔지 엄마 억수로 사랑한데이."

"축하하고 쪼옥"

해마다 선배가 감동의 눈시울을 적신다. 몇 해 전 꼭 선물을 하고픈 게 있다며 입에 올렸다. 쉬운 마음에선 구매조차 불가능한 물품이라 차일피일 미루었는데 문득 그것을 해주겠다기에 한두 푼이 아니었으므로 단박에 거절했다. 괜히 무거운 짐을 지어드리는 것 같아.

한번 내뱉은 말을 믿고 약속을 지키길 기다리는 비양심은 아니기에. 들숨과 날숨을 교차하며 얻어진 수많은 일상이 우리네 인생이다. 세 치 혀는 마르기가 무섭게 침을 바르며 단 몇 초도 쉴 새 없이 다중한 말들을 흩뿌린다.

거짓말인 줄 알면서도 예쁘게 포장하여 상대방을 기쁘게 하는 말. 타인의 눈에 눈물 날리고 가슴에 생채기를 내는 말. 애욕이나 관능적 사랑으로 똘똘 뭉친 에로티시즘 밀어와 책임질 수 없는 가당찮은 말들이 즐비한가. 이 말들이 입 밖으로 나올 때 머리에서 걸러지고 가슴에서 정화되지만, 자리를 잡지 못해 뇌와 마음에 떠돌아다니며 구름처럼 노닌다. 그때그때 상황에 따라 기분에 맞춰 춤추던 말들이 시간만 지나면 흔적 없이 잊어버리기 일쑤라 애당초 기대도 하지 않았다. 부피도 컸을 뿐만 아니라 과분했기에.

여태까지도 얼마나 물심양면으로 도움을 주었나.

남아일언중천금男兒一言重千金인데 못 미더울 약속을 한다며 신용 없고 빈말 좋아하는 사람이라 평하는 탐욕주의가 아니다. 몇 해를 곁에서 지켜보며 의리로 다졌는데 약속을 어겼나 한들 멀어질 가벼운 사이가 결코 아니기에.

음력 시월은 삭연한 겨울이라 해가 속히 얼굴을 감춘다. 오후 6시면 가족의 품으로 향할 퇴근 시간에도 감나무가 병풍을 친 시골의 어둠은 정적마저 잠든 한밤중이다. 선배를 만나려고 주차장으로 내려갔다. 한 손에 케이크와 다른 손에 예쁜 화초분을 들고 기다리고 있었다.

"생일 축하합니다."

빨리 시드는 꽃다발보다 화초가 더 좋을 것 같아 부부 사랑처럼 예쁘게 키우라며 한사코 자신의 승용차에 오르란다.

웬만해선 타인의 차에 편승하지 않는다. 몸에 익숙지도 않을 뿐더러 조심스러워 어디를 가도 삐걱거리며 굉음을 울리는 고물차를 이용하는데 오늘은 편히 쉬라며 뒷좌석으로 모신다.

"으흠"

핸들에서 벗어나 여유로운 아내. 사고 후 아무리 중후해도 관심 밖이었는데 오늘은 불편하더라도 승차감을 받아들이기로 했다. 화초 향기 그윽한 외식을 기대하며….

대뜸 선물을 사러 간단다. 조금 전에 받은 걸로도 만족한다며 만류했지만 걱정하지 말라며 다음에 잘살면 그때 보답하라며 기어코 주문하고 돌아왔다. 고마움과 미안함에 격정적 감정을 누르느라 어리둥절한 표정에 어찌할 바를 몰라 창에 비친 희미한 불빛 따라 눈동자만 분주하다.

"정말 세상에 이런 분이 몇이나 될까?"

무엇 때문에 이렇게 선행을 베푸는가. 피를 나눈 형제도 친구도 아닌 우연히 알게 된 후배에게 돈후한 사랑을 줄 수 있단 말인가.

그렇다 하여 우리가 의지의 손발이 되는 것도 아니다. 사지육신 멀쩡하여 편히 터놓고 의논할 존재도 아니다. 나를 만나 불편한 점이 이만저만이 아닐 텐데.

이동할 때마다 밀어줄라, 타고 내릴 때마다 업어 줄라, 식탁을 찾느라 여러 곳을 헤매야 하고, 익숙지 않은 광경에 관심의 눈총이 날아오고, 살갑게 나란히 걸으며 제대로 된 술 한 잔 대접 못했는데. 뭐가 좋아 저럴까. 지금까지 베풀고도 필요한 게 있으면 서슴없이 요구하란다.

"더 무슨 할 말이."

"고맙고 감사하다는 말밖에."

혼자서 이런저런 생각할 무렵 침묵을 가르며 휴대전화가 울린다. 바로 위 누님의 전화였다. 늦은 시각에 전화하는 건 당연히 축하전화일 게다 싶어 잔뜩 고조된 음성으로 전화를 들었다. 누님은 생일인지도 모르고 올케에 대해 안 좋은 소문이 돌아 확인한다며 요즘 행동에 대해 물어본다.

소문에 아파트 아줌마들과 식당에 갔는데 외간남자가 와서 식비를 계산해 주고 갔단다. 전화를 받으며 어둡기만 한 표정과 새어 나온 목소리에 심각함을 눈치채고 자꾸 무슨 일이냐며 묻는다. 별일 아니랬지만 머릿속은 감정의 갈피가 얽히고설켜 어수선하다.

믿지 않으면 누가 믿어 주겠는가.

여태까지 알던 아낸 그런 사람이 아니다. 이건 또 우리를 질시하는 교활한 인간들의 모략이다. 지금까지도 수많은 유언비어에 농락당했다. 조용해지려면 들려오고 수그러들려면 들추는 소문의 진원지를 찾아 뿌리부터 뽑아야 한다. 함부로 남을 험담하고 불순을 일삼는 족속들을 용서할 수가 없었다. 지저분하고 잡스러운 소문이 삼백 리 밖에서 확인 전화가 온단 말인가. 매일 한집에서 한솥밥을 먹어도 들리지 않았는데 그 먼 곳을 어떻게 갔을까.

누님의 귀를 통해 전이될 때까지 얼마나 많은 입과 귀로 통했겠는가. 입에 담기도 싫은 불결한 이야기를 퍼트린 잔망스러운 짓거리들을 무슨 수를 써서라도 기필코 색출할 테다. 조금 전까지 기뻐하며 행복했던 시간은 어디로 사라지고 침잠한 성에만 낄 뿐이다. 축하전화인 줄만 알고 기뻐했는데 무방비 상태에서 불순한 여자가 되어버려 하염없이 울분만 토한다. 굳은 표정으로 침묵할 뿐 더 이상의 대화는 히터의 뜨거운 열기 속으로 빨려들어 갔다.

"정말 싫다. 인간들이 한없이 미워진다."

이대로 가만히 두고 볼 순 없다. 발본색원하여 무릎을 꿇게 하리라. 함부로 혀를 놀리지 않도록. 더는 우리 가정에 집중하는 날카로운 이목과 의문의 눈초리를 좌시할 수 없다. 비록 이런 몸도 밟으면 굼틀한다는 걸 보여주고 싶었다. 여태까지도 아픈 가슴을 쓸어내리며 무수히 괴로워했다. 요번만큼은 흘리는 눈물의 대가를 치러야 하기에 알리바이를 캐기 시작했다.

최근에 아줌마들과 모여 음식점에 간 적은 여름에 가까운 계곡에 모인 이후론 없었으나 상가부녀회와 나도 동참하여 의심쩍은 일은 없었다.

누님에게 재차 전화를 걸어 사실의 정당성을 고하고 기분도 풀 겸 딸과 어머님을 모시고 조용한 음악이 번지는 곳으로 향했다.

자연 속의 음식점이라! 은은한 조명은 현 상황을 묵시하듯 평화롭게 드리웠다. 소문의 진위는 밝혀지진 않았어도 기쁨을 매만지던 한 시간 전으로 돌아갔으면 어땠을까. 아름다운 곳에서 근사한 식사와 와인으로 더없이 행복한 밤이었을 텐데.

뚝뚝 눈물만 흘리는 아내. 이유를 몰라 궁금함을 눈짓하는 딸. 생전처음 서양요리를 접하신 어머니. 어떻게든 달래주려 연주자에게 치유하는 음악을 신청했다.

또 케이크를 주문한다. 인정사정 봐주지 말고 속에 담긴 응어리 다 불어버리라며. 감미로운 피아노 반주에 우리만의 파티가 이어졌다. 와인과 독한 양주에 참소한 질투의 화신들에게 연연하지 말자며 익살을 떤다. 훨훨 털고 웃었으면 좋으련만. 아니란 걸 믿어주는 신랑이 있고, 든든하게 지켜준 딸이 함께하지 않나. 모든 일은 맡겨두고 주어진 본연에 감사하자.

양쪽 눈이 퉁퉁 부어오르던 생일은 슬픈 여운을 남기며 끝이 났다. 그날 이후 필사적으로 소문의 진원지를 극명하기 시작했다. 누님에게 이야기했던 사람, 그 사람에 이야기를 전한 사람, 역으로 캐내어 올라가니 모두 참으라며 얼렁뚱땅 덮으려고만 했다. 무마시키기에 급급하여 서로 쉬쉬하며 여자들이 생각 없이 뱉은 가벼운 말들이라 남자가 이해해 주란다. 그 말이 생각이 있는지 없는지 몰라도 가볍지만은 않았다.

'일이 커질 줄 몰랐다며 부녀회에선 한 살 더 먹은 자신들이 말을 가려하지 못해 미안하단다.'

가벼운 혀로 남의 가정사를 왈가왈부하고 상처받은 이들은 아랑곳하지 않은 채 아니면 그만이라는 무책임한 언행을 자행한 자들에게 따끔한 충고와 채찍이 필요했다.

이제는 내가 용서할 수 없다. 추잡스럽게 따라다닌 말들을 떨쳐주고, 가정과 가사에 온정을 쏟은 평범한 가정주부로 남게 해주고 싶었다. 다시는 반복되지 않게.

아파트란 한 울타리에서 15년을 입방아에 휘둘린 가슴 친 세월이었다. 쉽게 던진 말들이 꼬리에 꼬리를 물어 군더더기가 붙어 종양처럼 저미어도 아니면 된다며 지내왔다. 더는 눈에서 피눈물 나지 않게 누구에서부터 소문이 유포되었는지 사실 여부를 밝히는 게 책무였다.

나의 행동에 누님들도 동참하니 일사천리로 실마리가 풀려 누구를 통해 어디로 흘러갔는지 대충 가닥이 잡혔다. 생각보다 점점 커짐을 감지하던 제 발 저린 몇몇 사람들. 분위기를 살피려 문지방이 닳도록 찾아와 참으라고만 되풀이한다. 이해시키려 발싸심을 치는 아주머니들 가운데 주의할 인물이 지목되었고 여러 이야기를 종합한 결과 퍼트린 주인공의 윤곽이 드러났다. 더는 용서란 말도 듣기 싫을 정도로 적개심이 치솟는다. 초면도 아니고 가까이에서 언니 동생 하며 절친한 사이였다.

한 라인을 오르내리며 위층 아래층 자주 놀러와 세상사 희로애락을 들춰내던 사람이 꾸며냈다는 게 실감이 나지 않았기에 북받친 감정은 몇 곱절 충격으로 돌아왔다.

더군다나 여자에게 치욕적인 말들로 모함을 할 수 있는가. 자신들이 깨끗하지 않기에 남들도 다 그렇게 보이는가. 똑같은 자리에서 사물을 관망해도 평가하기 나름이라더니. 이념의 기준이 다르기에 정확히 간파하고 판단할 건강한 정신이 필요함을 새삼 깨닫는다.

모든 전후 사정이 머리에 차곡차곡 저장되니 반갑다며 인사를 건네던 사람들마저 두려운 염세증 환자 같아 문명의 흔적과 인간의 발자국이 사라진 오지로 들어가 마수의 늪에서 벗어나고픈 심정뿐이다.

소문이 돌게 된 모든 근원을 규명하려면 아줌마들과 식사를 하였던 몇 달 전 그해 여름으로 거슬러 올라가야 한다.

무더위가 기승을 부리던 어느 날, 차오른 체온으로 호흡이 곤란하여 한낮엔 바깥출입은 엄두를 낼 수 없다. 해거름이 다 되어서야 상가에 아주머니들이 가까운 계곡에 발이라도 담그러 가자는 의안에 딸아이와 친하게 지내던 새댁의 아이들을 태워 먼저 출발하고 몇몇은 가게 문을 닫고 오기로 했다.

목적지까진 채 20분밖에 소요되지 않기에 도착해도 불덩어리 태양은 열을 토하며 기울어지지 않으려 발버둥을 쳤다. 해수욕장에 데리고 간 적이 단 한 번도 없던 딸에겐 불볕더위에 시원한 계곡은 지상천국과 다름없었다. 뒤늦은 피서 기분을 혼자서 다 내는 것 같았다.

즐거워하는 아이들을 지켜보며 시원한 음료와 수박 한 통이 간절해도 급작스레 달려오느라 주전부리 하나 없어 인근에 거주하는 선배에게 전화를 걸었다.

'계곡에 왔으니 퇴근하고 바쁜 일 없으면 놀러오라고.' 그리고 아이들 먹게 치킨 두 마리를 부탁했다. 짧은 통화를 마칠 때쯤 잿빛 입술을 서로 부딪치며 주린 배를 쓰다듬기에 퇴근 시간만 마냥 기다릴 수 없어 음식점에서 우선 요기를 시켜주었다.

포구나무 아래에서의 담백한 음식과 시원한 맥주 한잔은 더위를 단방에 걷어가 주었고 아이들은 또다시 계곡에 송사리가 되었다. 자연의 풍치를 즐기며 새댁과 잔을 기울일 때쯤 선배가 치킨을 달랑달랑 흔들며 올라왔다. 무덥고 고된 하루의 업무를 맥주로 잠시 해소해도 가게를 닫고 출발한다던 일행은 길을 잘못 들었다며 재차 약도만 물어본다.

백열등 아래서 못다 한 이야기를 나눌 때 "더우면 밖에 나오기도 힘든데 먹고 싶은 것 있으면 더 시키란다." 물소리를 곁들인 산해진미에 부러운 게 없는데도 대접할 게 없다며 음식비를 계산해주겠다기에 한사코 거절했다. 와 준 것만 해도 고마운데 왜 부담을 지우냐며 아내가 지갑을 열었다.

때마침 도착한 아주머니들과 자리를 펴고 치킨을 먹으며 간단한 인사로 한여름 밤의 흥취를 더했다. 다치기 전부터 알고 지내던 분도 계시고, 십여 년을 인사를 하며 농담을 나눌 정도의 지면상이었기에 부담 없이 어울렸다. 우르르 모여 앉아 시원하다는 둥, 우리가 오는 줄 알고 모기가 도망갔다는 둥, 가게에 둘러빠져 근처 좋은 곳을 두고도 몰랐다며 다음부터라도 한 번씩 삼겹살을 굽자며 웃음소리가 커질 무렵 한 아주머니에게 다급한 전화가 왔다. 막 도착하여 호롱불을 밝혔는데 급한 일이 생겼다기에 혼

포구나무 아래에서의 담백한 음식과
시원한 맥주 한잔은 더위를 단방에 걷어가 주었고
아이들은 또다시 계곡에 송사리가 되었다.
자연의 풍치를 즐기며 새댁과 잔을 기울일 때쯤
선배가 치킨을 달랑달랑 흔들며 올라왔다.

자 보낼 수 없어 아쉬움을 뒤로하며 자리를 편 지 한 시간 만에 일어섰다.

이것이 그해 여름에 있었던 모든 정황이다.

무엇이 잘못되었고, 무엇이 의심받을 일이고, 무엇이 이해가 되지 않기에 몇 개월이 흐른 뒤 전지전청傳之傳廳을 듣는단 말인가. 의형제처럼 지내던 후배가 해 질 무렵 선배가 사는 마을 계곡에 놀러와 아이들에게 먹일 치킨을 부탁했다. 어려운 걸음했다며 음식비를 계산하려기에 아내가 계산했고, 치킨을 먹으며 살갑게 웃음꽃을 피우며 짧지만 즐거운 오후를 보냈다.

그 자리에서 선배라며 소개도 했다. 더 무엇이 불만이기에 뒤에서 호박씨를 까고 모독을 한단 말인가. 말로써 천 냥 빚을 갚는다고 했다. 칼에 베인 상처는 아물어도 혀가 피운 말은 취소될 수 없어 가벼운 말이라도 사람을 해치는 흉기가 되기에 말을 하기 전에 신중을 기해야 한다.

내가 없는 자리에서 소문이 돌았다면 우리 가정은 어땠을까. 설혹 무책임하게 던진 한마디가 화근을 불러온다면 무엇으로 책임을 질 것인가. 돌이킬 수 없는 악영향을 줄 거라 왜 생각지 않는지.

마침 그 자리에 합석하였기에 만분 다행이지만 결백이 드러나지 않았다면 그들은 파탄의 주역들이다. 남의 일이라고 아무 일 아닌 것처럼 색안경 낀 아둔한 자들을 한자리에 다 불러 모았다.

한 마디로 대면조차 하기 싫은 상식을 벗어난 망종들이다. 코를 땅에 박고 있던 사람, 뭐가 잘못인지도 모르는 사람, 신랑이 알면 맞아 죽는다며 봐달라는 사람, 한 살 더 먹은 사람이 젊은 사람들 말에 장단을 쳤다며 미안하다는 사람, 그런 적이 없다며 지레 겁먹고 도망쳐버린 사람.

참 쳐다보니 한심하고 입이 더러워질까 담기 두려워도 조용히 무마하면 또 우리 같은 피해자가 유발될 것 같아 일깨워주었다.

연륜을 떠나서 당신들은 언니 동생 하던 사람을 수렁에 빠트리고 벼랑 끝으로 내몬 가정파괴범들이다. 이 자리에 나타나지 않았다면 고소장을 발부하든지 법적으로 처리하려 했으나 이웃이란 인맥으로 참기에 상가 모든 분 앞에서 선시적 결백을 주장하라며 기회를 주었다.

그 이후로 진실은 밝혀졌고 친밀하게 지내던 사이도 쉬이 다가갈 수 없을 만큼 멋쩍은 사이로 전락해버렸다. 시종일관 곁에서 지켜보고 대화를 나누었으면서도 곡해할 수가 있나.

'참 알다가도 모를 일이다.'

한동안 머쓱하게 피하더니 이제 세월이 약이 되어 인사를 주고받는다. 한 번의 실수로 많은 점을 뉘우치고 반성했으리라 믿기에 늦게나마 용서를 한다.

남의 일이라면 물불 가리지 않고 참견하기 좋아하는 우리나라.

"내가 남의 말하면 남도 내 말하는 것. 말로써 말이 많으니 말 말을까 하노라."는 시조를 한번 되새겨 보시길. 말 한마디라도 신중에 신중을 기함이 필요하고, 근거 없이 뱉은 말들에 나 자신도 돌에 맞아 죽는 개구리 신세가 될 수 있다는 걸 알았으면 한다.

상대방 처지에서 단 한 번만이라도.

마음으로 걷는 길

우연찮은 기회에 국민의 눈과 귀라는 IT산업의 핵심을 담당하는 직원들과
술잔을 기울였다. 수다는 여성들의 고유권한에 전유물인 줄만 알았는데
연배 차이와 지위고하를 막론한 남자들에게도
데커레이션같이 화사한 웃음들이 피어날 줄은 몰랐다.

중년으로 산다는 것

우연찮은 기회에 국민의 눈과 귀라는 IT 산업의 핵심을 담당하는 직원들과 술잔을 기울였다. 수다는 여성들의 고유권한에 전유물인 줄만 알았는데 연배 차이와 지위고하를 막론한 남자들에게도 데커레이션같이 화사한 웃음들이 피어날 줄은 몰랐다.

모두 한 가정에 주춧돌로서 산업전선의 올가미에 묶여 배 속이 허해지는 퇴근 시간이면 동료와 소주 한잔으로 하루의 피로와 스트레스를 푸는 이 시간이 샐러리맨들에겐 피로회복제와 다름없을 만큼 달콤하다.

물풍선처럼 늘어진 뱃살에 억새 같은 성성한 흰머리의 중년들이 얇은 지갑으로 가볍게 먹고 일어설 수 있는 삼겹살에 젓가락질이 바쁘다.

등락에 웃고 우는 주식, 정수리 번들거리며 아귀다툼하는 정치판, 그런대로 쓸 만하다는 자신감 배인 아랫도리, 허리를 졸라매는 물가상승과 사교육비, 수시로 쪼여 드는 사오정 명예퇴직이 리바이벌되는 침울함에서 과장님의 엔도르핀 분비를 억제하는 한마디.

"꿈이 무엇입니까?"

예전 사적인 공간에서 얼핏 잠자던 꿈을 살포시 깨웠는데 도미가 제 살을 돌려달라며 입을 벌름거리는 마당에 왜 얼토당토 예고도 없이 재미난 화제를 물리치며 맥을 끊나.

휠체어에 덩그러니 앉아 집어준 음식을 날름거리는 존재가 뭣이 좋아 웃느냐는 의문과 장애에 결박된 운명이 건장한 자신들과 다른 특별함이라도 있는지 귀를 쫑긋 세우고 입 안에 안주를 가득 머금은 채 동작 그만이다. 잽싸게 털어놓아야 싱싱한 활어의 졸깃함을 만끽할 텐데 도무지 내놓을 게 없다.

예전처럼 다시 걸어 다니는 삶과 저수지가 내려다보이는 전원주택에서 가족들과 오순도순 살고 싶다던 꿈은 한번 써먹었기에 우려먹기가 부끄러웠다. 아내의 컨디션에 계획이 무산되는 인생이 무슨 꿈이 있으랴. 오늘처럼 지인들과 웃음으로 내일을 맞는 게 내 생에 최고의 순간이자 즐거움이다.

"저는 꿈이 없습니다."

단순 명제한 답변에 그럼 그렇지 예상했던 답을 얻었을까. 아니면 술만 축내는 허깨비로밖에 보지 않았을까. 조용히 감았던 눈이 굵은 쌍꺼풀을 말아 올리며 반쯤 남은 술잔을 든다.

"나는 꿈이 없는 사람과 술을 마시지 않습니다."라며 깊숙이 반 모금을 들이켰다. 아랫사람 대하듯 사무적인 언행에 당황한 낙지가 접시 밖으로 툭 떨어진다. 얼마나 대단한 인두겁을 썼기에 초면에 노골적인 인신공격을 퍼붓는단 말인가. 지금 나더러 먹을 만큼 먹었으면 자리를 틀라는 건가 아니면 더 있어 봤자 나올 것도 없다는 놀부 부인 싸대기 패는 식인가.

꿈이 없어 없다고 하였거늘 그것이 인간관계에서 주거니 받거니도 못할 이유라도 되는가. 대단한 회사에선 꿈이 없으면 야망도 없다 하여 사람 취급도 안 한다더니….

개천에서 용 난다는 말도 요즘 교육에선 옛말이다. 타고난 재능과 노력 여하에 따라 목표지점을 향한 길이 다르겠지만, 시골에서 날고 뛰어본들 도회지에 풍부한 자본으로 무장한 명석한 두뇌와 어찌 견줄쏘냐.

쥐구멍에 별 뜨길 바라며 만족이란 단어를 가훈처럼 새기며 산다. 직장에서 과장이란 명암이 주는 출세의 힘은 쉽사리 얻어진 게 아닐지언정 부하직원들 굽은 허리 위에서 호령하는 오만한 자가 또 아리스토텔레스와 친한 척을 하려는가 보다.

희망이 잠자고 있는 인간의 꿈이라고 말하고 싶은 건가. 아니면 어떠한 일이 있더라도 꿈을 잃지 마라. 꿈을 꾸라. 꿈은 희망을 버리지 않는 자에겐 선물로 주어진다며 희망이 없으면 인생에서 어떤 가능성도 찾지 못하고 스스로 자멸해버린다고 명언을 쏟아부으려는 건가.

비록 자리가 인간을 만들지만 그 자리도 지나고 보면 제 속을 비워 남의 속을 채워준 빈 병에 불과하니 가을 들녘에 벼를 닮자. 잡초의 방종과 따가운 햇볕에도 알곡을 여문다며 한마디 뺏어버릴까 하다가도 사마 입씨름 해봤자 뒤를 받쳐 줄 든든한 지원군은 보이지 않았다.

"과장님은 꿈이 무엇입니까?"

옆에서 방울을 딸랑거리던 직원이 아부성 짙은 발언으로 거든다.

과장님은 아들이 과학고를 졸업하여 걱정이 없다며 뚝배기에 매운탕 끓이듯 보글보글 끓여낸다. 이 사람 언제 때 얘기하느냐며 소화되지 않은 거만함이 섞인 아쉬움을 상 위에 올려놓았다. '나는 아들이 과학고를 갈 때만 해도 이것이 부모의 자신감이자 꿈이라 여겼는데 원하는 대학에 재수하다 보니 서글퍼서 아내와 종교 활동에 전념한단다.'

그 말에 조금 전까지 사사건건 트집 잡을 기회를 노려왔던 고추냉이 같은 마음도 아버지란 공감대가 무겁게 느껴졌다. 사실 자식에게 바라는 기대는 부모의 꿈일 수도 대리만족일 수도 있겠으나 부모라면 누구나 가져보는 선망의 소원일 것이다.

"꿈이란 단어를 몰라서 토로하는 게 아니지 않습니까. 꿈이라는 건 실현하고자 최대한의 노력을 다하고 그것이 불가능했을 땐 오한을 앓듯 회의와 무능함에 몸서리치며 또다시 포기의 주먹으로 재기를 불태우는 거죠."

"과장님은 대기업에 과장이 꿈이었습니까?"

"아닙니다. 저도 어찌하다 보니 여기까지 오게 되었네요."

"맞습니다. 지금 이 시대에 가슴에 꿈을 품은 중년이 과연 몇이나 될까요. 하루 24시간을 힘겨운 준령에서 벗어나고자 부득부득 애를 쓰는 서민들이 가족 안위, 가정 무탈, 자식 잘되길 바라며 술 한 잔으로 시름을 삭히는 게 꿈이지요. 뭐 그러다 진급하면 영화고, 월급인상 시켜주면 부귀 아니겠습니까."

"옳소" 하며 다시 잔을 부딪쳤다.

"다치기 전에 무얼 하셨길래 발을 이리도 잘하십니까."

"하하하 일은 무슨 일요. 교통사고로 살아남은 게 입밖에 없으니 그거라도 온전해야 세상에 말이라도 붙일 게 아닙니까."

조용히 듣고만 있던 지인께서 글을 쓴다니 그 자리는 또다시 청양고추를 덥석 깨문 듯 입을 벌렸다.

"우와! 그런 줄도 모르고 작가 앞에서 신세 한탄에 꿈 타령했습니다."

"아닙니다. 지방에서 제 좋아서 쓰다 보니 유명세하고 거리가 먼데 작가 소리까지 듣네요."

인간관계에선 존중심 말고 빈부와 명예와 귀천의 구실이 중요한가. 신분과 지위와 품위를 따진다면 위엄과 존엄 앞에 감히 엄숙할 수밖에. 원칙적 자리에서 무슨 찡한 감동이 돋겠나. 모두 벌벌 떨며 두려움에 전율한 꿀 먹은 벙어리겠지.

넥타이를 매고 흐트러지지 않은 매무새보다 텁텁한 막걸리에 김치 쪼가리 만남이라도 그 내면에 고갈된 에너지를 충전하고 권태로움을 잊게 해줄 비타민이 있다면 "카" 소리 나는 인생이 아니고 무엇이랴. 포장마차 구석에서 사자후를 토하며 텅 빈 충만을 술로 채우려는 중년의 가슴앓이 아니겠는가.

술이 좋다.

아니 정감 어린 따뜻한 그 자리를 더 탐닉하는지도 모른다. 섭할 수 없었던 세상사를 여러 입을 통해 얻기 때문에 허투루 듣지 않으려 귀를 세우다 보면 숨겨놓은 일기를 까밝히듯 일화를 들추고, 가득한 추억과 다분한 웃음들이 뜨거운 숯불 위를 유영하고, 파란만장을 소설로 다룬다면 단박에 베스트셀러가 될 거라며 호언난설胡言亂說이 탄산음료 거품처럼 부풀어 올라도 옆자리 얘기에 슬며시 귀가 열린다.

다채로운 사연들도 쓴 소주를 잠시 재워 줄 타락만 가득하지 그 연륜에 맞는 굵직한 나이테가 없다. 생활이나 행동에 지도적 방향을 인도하는 지침이나 인간의 근본원리와 삶의 본질을 다룬 가치관과 경험의 토대인 철학이 술 냄새 속에서 찾고자 하는 맛이자 안주다.

작가에겐 시시콜콜한 이야기도 글 쓰는 데 덕이라며 대필작가를 앉혀 놓은 듯 영감의 씨앗을 뿌리려 누추함까지 주절주절 펼쳐놓는다. 신경과 전문의도 심리사도 아닌데 답답한 가슴이 뚫렸는지 다음에 또 만나자며 길게 술잔을 채워준다. 이렇게 이해하기 어려운 일들이 가까이에서 일어나고 그것을 옮기는 나도 얼큰하게 취한다.

누구나 살아온 인생은 소중함과 더불어 기억에 가둬둘 만큼 촉촉하다. 눈부신 비단옷을 입었어도 본인이 아니면 부드러운 촉감을 표현하기 쉽지 않다. 작가가 제아무리 아름답게 누비고 시침을 해도 조미료를 첨가한 인공이지 향기에 산새가 모여드는 천연은 아니지 않은가.

희로애락에 손뼉을 치다 보면 자연히 나를 버리고 타인이 닦아놓은 길이 고고할 때가 있다. 그 길은 탄탄대로처럼 순탄할 거라 믿어도 들여다보면 가시 무성한 내 길과 별반 다를 게 없더라.

우린 그렇게 열두 장의 달력을 뜯어내고 과장님과 또다시 술병을 도열

했다.

"아드님은 원하는 대학에 다니십니까. 요즘도 성당엘 가시고요."

"저는 아직도 꿈이 없는데." 해답을 제시한 힌트에 격절탄상擊節嘆賞이다.

"맞다. 맞다. 그때 그랬지요. 지나간 일을 받침 하나 안 빼먹고 기억을 하시네."

"갈수록 단순해지는 머리로 모든 걸 다 기억하겠는가. 그 만남이 가볍지 않았기에 고막을 두드린 사연을 새긴 거죠."

매일 똑같은 자리, 똑같은 사람이라도 주워들을 게 있다면 독한 술을 마셔도 차를 마신 듯할 것이고, 차를 마셔도 그 향을 음미 못한다면 자칫 술에 인격이 지배당한 폐인이라 나이에 걸맞은 얼굴을 가져야 한다.

그것이 존경받는 아버지요, 나라와 가정에 운명을 짊어진 중년의 길이다. 그 버거운 짐을 지고 보무당당히 나아가다 언젠간 빈 지게처럼 서 있을지 몰라도 걸어온 생이 그릇된 것이 아니라는 걸 술은 알기에 오늘도 중년들의 흔들리는 통곡 소리를 술잔에 담아본다.

마음으로 걷는 길

장애란 무엇인가? 건장한 육체로 살아오면서 깊이 헤아려 본 적이 없다.
시골 저잣거리에서 간혹 구걸한다거나 아니면 긴 신축성을 뽐내는 고무줄과
일반 잡동사니의 행상들만 가끔 보아왔을 뿐.
요즘처럼 휠체어나 전동스쿠터에 의지하여 거리를 활보하는 광경을
쉽게 접하지를 못했다.

마음으로 걷는 길

장애란 무엇인가?

건장한 육체로 살아오면서 깊이 헤아려 본 적이 없다.

시골 저잣거리에서 간혹 구걸한다거나 아니면 긴 신축성을 뽐내는 고무줄과 일반 잡동사니의 행상들만 가끔 보아왔을 뿐. 요즘처럼 휠체어나 전동스쿠터에 의지하여 거리를 활보하는 광경을 쉽게 접하지를 못했다.

마을에 바퀴가 세 개 달린 삼륜 오토바이를 타고 다니시는 분이 계셨다. 어디를 가든 항상 그분의 장독간 가시 울타리를 굽이쳐야 했기에 자주 눈에 들어왔다. 하반신 마비에도 휙휙 바짓가랑이에 자개바람이 일듯 동작이 민첩해 생활에 불편함은 크게 보이지 않았다.

초등학생의 눈높이라 달리 보였는지도 모른다. 겉모습이 전부이기에 다리가 있음에도 왜 걷질 않고 오토바이를 이용하는지 한없이 부푼 비눗방울처럼 의구심만 송골송골 맺혀갔다. 건강한 몸엔 건강한 삶이 동반되는 줄 알았는데 아니었다.

지금은 장애인을 대하는 태도와 생각이 옛날과 달라 지체, 시각, 청각이란 용어를 사용하지만 30년 전만 하더라도 봉사, 귀머거리, 병신 소리가 입에 달라붙은 시골 무지렁이들에게 앉은뱅이는 표준말이었는지도 모른다.

의학적 상식이 물 위를 떠도는 소금쟁이 같으니 어떤 이유와 어려움이 동반되는지 먼 나라 일 아니었겠나. 선 · 후천적 장애를 입어도 의료시설의 사각지대에 놓여 혜택과 무관했고 의료기 또한 후진국 수준을 면치 못했다. 모든 차량과 우마차들이 일으키는 먼지로 미루나무 가로수 아래서 재채기를 할 여건에 휠체어로 바깥출입을 하기는 맨발로 가시밭 걷기보다 더 어려웠을 것이다. 알록달록 잔뜩 멋을 낸 포장된 보도가 깔끔스럽게 누운 요즘도 외출하기가 마뜩잖은데.

생활과 행동에 걸림돌이 봉착하면 장애란 단어가 뒤에 와서 붙기에 장애에는 육체, 정신, 교통, 통신 등 여러 종류가 있다. 그런 곳에 사용하고 그런 점에 대해 이해의 폭을 넓히려 만들었지만 입에 담기조차 싫고 머리에 떠올리기도 진저리나는 힘겨운 인생들이 즐비할 거라 여긴다. 통신과 교통장애는 영위하는데 다소 불편한 물리적 현상이지만 신체적 장애는 삶이 관련된 문제라 장애 중에서도 가장 처절한 고통이 아닐 수 없다.

한번은 매체에서 이런 말을 들었다. 위로 차원에서 발언한 듯해도 위로의 말은 아닌 듯싶었다. 몸이 불편하여 각종 보장구에 의지한 사람도 장애인이고, 눈이 나빠 안경에 의존한 사람도 장애인이니 이 세상은 장애를 가지지 않은 자들이 없다며 당당하기를 권했다.

다 맞는 말이고 옳은 말이다. 육체적이 아니면 정신적이고 정신적이 아니면 마음에 생기기 마련이다. 신체가 본래의 제 기능을 다하지 않거나 정신능력에 결함상태를 들어도 그렇다. 손가락 한 마디가 없어도 한쪽 팔이 절단되어도 개인마다 크고 작은 애로사항은 있다. 그 애로가 자신을 가로막아 충분한 기능을 다하지 못하는 것이다.

포괄적으로 본다면 시력이 떨어지는 것도 장애다. 안경의 도움으로 바람, 먼지, 강한 햇빛 따위를 막아 사물을 환하게 볼 수 있으니. 그러나 안경을 착용한다 하여 장애인이라고 여기지는 않을 테다. 착용하지 않으면 다소 답답할 따름이지 안경을 벗었다 한들 하고 싶은 것, 가고 싶은 곳, 포기하진 않기 때문이다.

평범함이 절실하고 하찮은 일이 간절한 염원이 될 때가 잦다. 쉽게 건널 수 있는 것조차 장벽에 가로막혀 우회하거나 아니면 계획을 취소해야 할 지경이라면 책망의 끄나풀이 아니고 무엇이랴.

자신들만의 세상인 양 이쪽저쪽 자유자재인 비장애인들을 나쁘다 되씹자는 게 아니다. 왜 유독 나만 선택받지 못한 자가 되었나, 저들은 누릴 것 다 누리며 행복을 일삼는데 이 육신은 나락에서 자괴감에 입술을 깨무는가. 이제는 후회의 시간을 뛰어넘어 심중에 상처도 단단한 응어리가 졌고 사물을 긍정적으로 평가할 만큼 뛰어난 안력眼力도 가졌다.

건강하고 화려한 삶도 그들의 복이고 보잘것없는 몸으로 귀로에선 우리도 나만의 몫인걸. 남은 인생 후회 없이 사는 게지 부러워한들 달라질 게 무엇이랴. 예전에 핏줄 툭툭 불거진 건강한 근육도 맛보지 않았나. 비록 총칼 앞에 찬 군 생활은 아닐지언정 18개월의 병영생활과 소국 향기를 닮은 여인과 백년가약을 맺어 토실토실한 산토끼 같은 딸내미와 한 가정에 가장으로 부러움도 없어봤다.

남들에게 뒤질세라 운동 반 싸움 반으로 부모님 속은 또 얼마나 섞였던가. 아쉬움이라곤 몰랐던 외동아들로 태어나 그런지 사고 후 몇 해가 흘러도 장애인이란 이름표를 뽑은 채 필요한 자가 주워가라며 버려두었다.

춘삼월 호랑나비처럼 꽃잎에 앉고 싶으면 앉고 정처 없이 날고 싶으면 어디든 날아다니다 인간이 지각하는 생리적 현상마저 도움을 받아야 하고 침대에서까지 시간을 기록하며 방향을 전환하게 될 줄을 어디 꿈에서라도 생각해봤겠나. 신경손상이 곧 마비와 직결됨은 더더욱 몰랐다.

본디 그대로의 모습은 온데간데없이 서서히 불비不備의 형상으로 탈바꿈해 갔다. 육신은 어느덧 장애에 익숙해져도 현실의 눈빛은 소싯적 장애인을 바라보았던 차가운 시각과 다르지 않았다. 물리치료와 재활운동, 퇴원 후 한방치료, 은둔의 눈물 4년이 흘러서야 하나의 인격체로 거듭났다. 조건과 환경의 필요에 따라 응하는 적응력과 받아들이는 포용력이 우수한 이들도 있겠으나 익숙하지 않은 몸으로 제2인생 도약에 다부진 각오가 필요하여 오랜 시간 다지고 또 다졌는지도 모른다. 이 없이 잇몸으로 살기 위해….

이젠 모든 준비가 끝났다. 아름다운 세상 따리만 틀 수 없어 아내가 면허증을 취득하고 승용차도 구매해 만반의 태세를 갖춰도 스르르 엘리베이터 문이 열리는 순간부터 성곽 같은 높은 벽에 부딪혔다.

몰랐다. 집중된 이목은 편대에 가담한 꼬마들뿐만이 아니었다. 치안관리에 열중인 CCTV와 다름없을 만큼 무수한 시선이 마천루에 붙어 밤을 기다리는 박쥐의 보금자리처럼 일망지하一望之下였다. 베란다에서 담배를 피우던 아저씨와 휴대전화 삼매경인 청년, 빨래와 옷가지를 터는 새댁과 청소부 아줌마, 가던 길을 멈춘 할머닌 무릎을 토닥이며 혀를 차신다.

“젊은 양반이 저래서 우짜노.”

딱하디딱한 표정으로….

다들 뭐가 저리도 신기하기에 뚫어지라 쳐다볼까 치미는 울화에 눈싸움을 걸어 봐도 다방면의 시선을 감당하기란 역부족이었다.

차는 어떻게 타고 내릴까? 생활은 어떻게 할까? 동정 어린 눈빛과 염려 어린 주목을 받으며 목적지로 향한다. 비장애인들에겐 현관문을 나서 차에 오르기까지 체 몇 분도 소요되지 않는 일이지만 우리에겐 너무나 길었고 차디찬 시선들이 부담스러웠다.

누군가가 행동 하나하나를 캠코더에 녹화하는 것 같아 외출이고 뭐고 다 귀찮았지만, 차에만 오르면 장애가 표나지 않아 한편으론 편해도 귀가하면 똑같은 과정의 반복이라 간만의 외출도 달갑지만은 않았다.

내 집에 드나들기도 이렇게 불편해서야 어떡하든지 경사로만은 자유로이 왕래하게끔 반상회와 관리사무소에 건의해도 주차공간 부족이란 답변 앞에 편익보호는 뒤 문제. 답답한 놈이 우물을 판다며 주차금지 표지판을 제작하여 비치해놓아도 며칠 후면 허리가 부러져 나뒹굴기 일쑤다.

이것이 우리나라의 현주소다. 굴러다니고, 발길에 차이고, 하물며 구석으로 치워버린다. 낮엔 그나마 낫다. 왁자지껄한 퇴근 시간이면 차마 눈 뜨고 못 볼 지경이다.

친구들과 한잔 술로 세상사 시름에 젖다 보면 노래방에서 목청을 세울 때가 간혹 있다. 배의 압력이 낮아 기침도 제대로 못 하는 찌뿌드드한 노래에 앙코르가 쏟아진다. 어디 리듬이 살고 바이브레이션이 출중해 한 곡 더 청했겠나. 간만에 노래라도 실컷 불러 기분이라도 띄워 주려는 배려에서 나온 추임새다.

신나게 춤추는 탬버린과 친구들의 격양된 분위기에 눈앞은 캄캄하고 목젖이 간질거리는 어질한 시간을 보내고 자정 무렵에야 귀가하면 차들과 또 승강이를 벌인다. 차마 단잠을 깨울 수 없어 계단 위에 휠체어를 올려놓고 업어서 오른다.

조력자로 자청한 경비아저씨가 팔을 걷어붙이지만, 본인 몸도 부담스러운 연세라 그림자처럼 뒤에서 따라만 올 뿐. 마른 숨에 애면글면 애쓰는 아내에게 별 도움이 되지 않는다. 천근만근 힘을 쏟아버리면 일찍 서둘렀으면 고생은 하지 않았을 걸 괜히 기분에 젖어 사서 고생을 하는 것 같다. 이해심이 소멸한 날카로운 요즘에 주차문제로 이웃 간에 인면수심의 사건들이 얼마나 발생하는가.

옷깃을 파고든 엄동설한에 발길이 묶여 사시나무가 된들 누가 알아주랴. 타인을 염려한 양보심 또한 얼어붙어 인터폰을 쳐도 묵묵부답 아니면 부재중이라 상가 앞에서 손을 빌리려 장정들을 기다린다. 체온조절이 원활하지 않아 겹겹이 이불을 덮고 2시간을 달래야 원상으로 돌아온다면 비장애인들은 뭔 소릴 하냐고 할 것이다. 나 또한 구차한 육신을 가지고 너덜너덜 펼쳐 보이긴 싫어도 교통사고가 준 달갑지 않은 선물이기에 주섬주섬 개켜놓는다.

예전엔 추위와 더위에 민감하지 않아 이런 고충이 동반될 줄은 몰랐다. 경추손상의 질병을 가진 환우들은 머리를 끄덕일 것이다. 히터나 에어컨 앞에 서면 금방 누그러들고 등골이 오슬오슬한 기운과 달리 정상체온을 유지하려면 수월찮은 공을 들여야 한다. 그러기에 망부석처럼 버틴 차량 때문에 턱이 드럼을 치는 속사정을 아무도 모른다. 정화수를 떠놓고 비손을 해도 차가운 날씨 탓에 장정들 발길은 휑한 바람 같다.

지금도 아파트 입구에는 무수히 많은 차량이 굉음을 울리며 날렵함을 뽐낸다. 가까운 거리를 이동할 땐 승용차보다 힘이 부쳐도 휠체어 이동이 이롭다. 과잉눈길 때문에 잘 나서지 않으나 병원이나 어머님께서 계신 본가를 찾을 땐 아내의 힘을 빌린다.

마당가 새침한 텃밭에
진분홍 일일초日日草가 울타리를 쳤다
다섯 꽃잎 홑꽃에 날아온 벌 나비
풀 뽑던 울엄니 등 뒤에도
꿀단지가 있나 보다

이슬로 돋아 노을로 지는
하루살이 인생에도

여기저기 앞다투어 피어나
석 달 열흘 웃고 있는 자애의 꽃이여!

향이 없어도
화려하지 않아도
그저 한 하늘 아래 살아간다는 것만으로
내 마음은 품 찾아 날갯짓이다

얼굴을 알 만한 분들은 다가와 손을 잡으며 몸은 어떠냐는 둥, 고생이 말이 아니다는 둥, 저런 새댁이 어디 있느냐며 빨리 일어나 업고 다니라며 길이길이 상찬이다.

"목석같이 둔한 몸도 예전보다 나아졌다."며 마주칠 때마다 꿀을 바르기도 곤혹스럽다. 과도한 친절을 베푸는 분도 부지기다.

"잘 잡숫는 가 봐요. 살이 쪄 사장님 배가 됐네요."

일일이 설명서를 펼쳐 보이듯 설명할 순 없으나 활동이 부족한 사람이 배가 나와 연약한 아내를 괴롭히는 것 같아 홍당무가 될 때가 잦다. 비대한 덩치로 저만 괜찮으면 상관없다는 독단주의가 되어 유구무언이지만 "맛난 걸 해줘 잘 먹습니다"란 한마디에 살며시 어깨에 손을 얹으며 거들어준다.

"얼굴이 부어서 그래요."

사실 앉아 있는 게 하루 절반인데 입맛이 돌면 얼마나 돌고 소화가 되면 얼마나 되어 식탐을 내겠나. 비장애인 한 끼의 양이면 하루를 버틴다. 소량을 섭취해도 소화불량이라 탄산음료와 소화제를 달고 사는데 무슨 욕심으로 꾸역꾸역 밀어 넣겠나. 그 간단한 소변조차도 시원히 해결하지 못하는데.

잔뇨가 남아 방광은 염증으로 말썽을 부린다. 항생제와 소염제로 밤새 모이지 않는 소변과 싸우다 보면 얼굴이 포동포동한 찐빵이라 컨디션과 얼굴은 비례한다. 애를 먹이지 않으면 이목구비가 브이 라인이지만 시달린 날은 제멋대로 생긴 모과 같다.

아저씨 배가 사장님 배를 닮았다는 말도 가슴 아랫부분에 모든 장기가 아래로 처진다. 벽에 걸린 예전 사진 속엔 운동으로 다져진 알밴 종아리와 복근이 선명하다. 머리에 추를 달고 특수침대에서 4개월을 미라가 되어 물리치료를 병행하려고 일으켰을 때 벌써 제 기능을 상실해버렸다. 젖 먹던 힘까지 동원해 봐도 말랑말랑한 캐러멜이라 자꾸 둔덕이 질 수밖에. 누우면 들어가고 앉으면 남산만 한 불가항력.

그러기에 마주친 분마다 구구절절 언설을 풀어놓나 잘 먹는다는 한마디가 깨끗하고 시간이 단축되어 좋다. 일일이 설명을 건너뛰다 보면 뒤통수가 따끔거린다. 주제 파악도 못 하고 살만 뒤룩뒤룩 찐 것 같아….

이런 시선들이 부담스러워 승용차를 이용하려 해도 업고 내리면 허리가 통곡이라 한 번이라도 덜 업히고자 차도를 선택한다. 직립보행이 아닌 바퀴 달린 삶에 인도人道도 무용지물이다.

듬직한 전봇대에 가려 폭도 좁고, 수평이 맞지 않아 경사진 인도를 바라보며 위험한 차도로 내려선다. 보드 블록을 산뜻하게 교체한 것도 얼마 전인데 국민의 혈세를 들였으면 편리하게 정비해야 함이 기본목적이다. 장애인의 독단적 편익보호를 위하여 시행함은 아니라도 형식과 시각적인 면보다 정작 만인의 효율적 공공시설이었으면 한다.

인권人權이 무엇인가? 사람이라면 누구나 태어나면서부터 가지는 생명, 자유, 평등에 관한 기본권리 아닌가. 공선옥의 산문집《사는 게 거짓말 같을 때》에 인권이 따로 있나 사람이 사람에게 사람대접하는 것이라 했다. 비장애인들도 그리 생각하는데 이동이 불가한 인도 앞에서 무슨 인권과 보행의 자유가 있는지 위하는 척 생색내기로밖에 보이지 않는다.

탁상행정에 업무추진은 예산만 낭비할 뿐 다방면에 고루 이익을 낼 수 없다. 몸소 체험해 알려고 다가가지 않으면 시간과 돈이 들어도 도루묵에 불과하다. 조금만 눈여겨보고 관심을 기울였다면 쓰임이 적은 것보다 몇 배의 효과를 거둔다.

상생과 조화의 현존 앞에 목마른 자에게 꽃잎 동동 띄워 물 한 대접 건네주는 것 외에 더한 아름다움이 어디 있겠나. 그것이 장애를 가진 자에게 인권을 보장하는 일이요 삶의 희망을 심는 실현이다. 몇 초 사이에 쉼 없이 깜박이던 눈이지만 그 작은 눈으로도 밝음 뒤에 가려진 그늘도 보아야 한다.

한번은 차도에서 태풍에 뽑혀나간 고목처럼 허물어졌다. 팔꿈치와 이마에 피를 흘리며 뒹굴었지만, 아내 혼자 앉히기란 호락호락하지 않았다. 해가 벌써 집을 찾아 떠난 지 오래라 행인들보다 스쳐 간 차량 불빛만이 입

체거울에 사로잡혔다.

운전자들은 브레이크를 밟기보나 휩쓸려 봤자 피곤하다는 식으로 "붕" 액셀에 발을 올리며 술주정뱅이로 취급해버렸다. 도움의 날개라곤 밤하늘에 아롱진 별빛뿐이라 다급해진 아내가 본가로 달려갔다. 아스팔트를 방석 삼아 홀로 수행자처럼 가로등을 붙들고 정진할 줄이야. 구겨진 휴지 쪼가리 신세가 되고자 이다지도 몸부림을 쳤었나. 조용히 자연발화되어 2,000CC 휘발유가 뿜어준 매콤함에 날려갔으면 바랄 나위 없겠다. 주인 잘못 만나 밤이슬 맞으며 굶주림의 생사를 헤집는 저 유기견과 다를 바가 뭘까.

냉혹한 현실에 체온만 남겨놓은 채 자형의 뚝심과 아내의 눈물로 그곳을 건너왔다.

남의 집 불구경하듯 곁눈질한 무관심 앞에 다 내 잘못이라며 회초리를 치다 보니 친구에 대한 잊지 못할 사연이 좋은 생각에 수록되어 그나마 가슴에 담아두었던 무게를 조금은 털어낸다.

＊＊＊

이 내용은 어쭙잖은 몸으로 장애에 허우적거릴 때 따뜻하게 마음을 심어준 친구를 생각하여 2007년 11월 《좋은 생각》 '당신은 아름다운 사람입니다' 에 게재되었던 내용이다.

사고 후 냉정한 사회가 싫어 잿빛 콘크리트 건물에서 단절된 지 어언 몇 년이 흘러 안부도 전하고 얼굴도 보자며 친구들이 한사코 밖으로 불러내었다. 하지만 세상은 비장애인들에 길들여진 철옹성 같아 친구들이 업고 들며 마음 써준 덕택에 행동반경도 조금씩 넓어져 닫혔던 마음의 문도 조금씩 열리기 시작했다.

한 달에 한 번 창밖의 간접경험이 직접경험으로 변하던 날은 부은 발등도 다져진 엉덩이 걱정도 호프 한잔으로 다 날려 보내며 자정이 넘어 걸프전을 방불케 하던 아파트의 심각한 주차난도 감소할 수 있었다.

모임을 마치면 아예 도로 가장자리나 조그마한 틈이라도 보인다면 눈치껏 주차를 시켜야지 혹시나 했다간 땀이 소금으로 피기에 상가 근처에 주차하고 나오다 휠체어가 진흙탕에 빠져 넘어지고 말았다.

아내가 사방팔방 뛰어다니며 도움을 호소해도 진흙팩한 나에게 선뜻 다가오는 사람은 없었고, 차도로 뛰어들어 손을 흔들어도 도둑처럼 피해 달아나 버릴 때 약속이라도 한 듯 차 한 대가 멈춰 선 것이다.

내린 사람은 다름 아닌 내가 살아 있음을 각인시켜준 친구였다. 이동 방향이 정반대인지라 올 일도 없을 뿐더러 차량 또한 자신의 것이 아니었는데 왜 하필 이 시각에 여기 왔을까?

"늦은 시간에 보내놓고 마음이 놓이지 않아 잘 도착했는지 확인차 왔단다."

친구의 그 마음이 또다시 깊은 눈물샘을 자극했다. 저런 친구가 있었다니 천만금을 가진들 이보다 더 뿌듯할까. 매무시도 가다듬었을 텐데 오물까지 묻혀가며 온 힘을 다하는 모습에 고맙다는 말뿐 더 무슨 말이….

등을 보듬은 친구와 다리를 감싼 아내 덕에 그곳은 감탕밭이 아니라 꽃잎

떨군 온천탕이었다. 부시맨같이 하얗게 드러낸 이빨에 배를 부여잡으며 샤워까지 마쳐준 친구가 얼마나 고마운지 벼랑 끝에 서 있지 않은 자들은 그 선의를 모른다.

옛말에 배부를 때 고기 한 근보다 배고플 때 보리밥 한 덩이가 더 값지다는 말이 있다. 아쉽지 않을 때 받는 도움과 간절할 때의 도움이 어찌 평등할 수 있으랴. 그런 도움은 영원히 잊지 못할 은혜恩惠이다.

차에 태우다 뒤로 넘어져 쿵. 문턱을 넘나들다 앞으로 쿵. 허울 좋은 인도에서 옆으로 쿵. 수없이 앞으로 꼬꾸라지고 뒤로 구부러졌다. 행동 하나하나가 속박을 받다 보니 많은 걸 포기하면서도 뒤에서 버팀목이 되어준 친구가 있어 용기백배한다.

전신마비로 육신과 꿈은 잃었어도 돈보다 더한 사랑과 우정이 함께하기에 다복한 남자가 아닌가 싶고 세상은 아직 살아볼 만한 가치를 지닌 것 같아 오늘도 자신을 다잡아본다.

몸이 말을 듣지 않아 어느 방향으로 넘어지든 위험한 건 매한가지다.

방어능력이 떨어져 머리가 부딪치기에 이틀이 지나도 어지럼증의 굴레를 벗을 수 없다. 달걀로 착각했는지 부풀어 오른 혹을 손가락으로 꾹 누르며 아빠 아프냐며 걱정해주는 딸. 제 손가락 때문에 더 까무러치는 줄도 모르고.

휠체어가 다리를 대신하여 더없이 편리한 보장구지만 중심 폭이 좁아 위급에 처할 때가 많다. 경사진 골목을 내려오다 넘어져 발목이 180도를 돌아가 있지를 않나, 목욕탕에서 미끄러져 엉덩이뼈에 금이 간 걸 늦게 알고, 숯불 화덕에 고기를 굽는지 발등을 굽는지 화상을 입어도 감각이 없어 상처가 아물지를 않는다.

불편한 점들이 이뻐이겠는가.

승강기 고장으로 15층까지 업고 올라간 적도 몇 번이다. 약속을 어긴 일이 허다해도 불러준다면 되도록 만사를 젖혀두고서라도 참석하려 애를 쓴다. 이런저런 핑계로 자꾸 빠지다 보면 차후 당연히 오지 않을 거라며 기억에서 잊히기에.

보내준 마음이 펄펄 끓어도 장벽에 막혀 계획을 포기하거나 시간을 지체할 시엔 아직 앞에 놓인 수두룩한 고난을 흘겨본다. 예전보다 장애인에 대한 평가가 누그러졌어도 이젠 사람들 눈높이보다 시설물들이 발목을 잡아 복지시설이 완벽한 선진강국이 부럽고, 일상생활이나 사회생활에 제약을 받는 일부를 위한 그 정책 또한 보여주기 위함이 아니라 몸으로 얻어야 할 산 교육이다. 내 형제 내 부모를 위한 행정을 펼친다면 지금보다 더 나아질 것을.

하루아침에 크게 기대하지 않는다. 예전보다 개선된 점들이 다분하기에 아직 미래가 보인다. 산업사회가 발전할수록 부득불 장애인은 발생하는데 GNP만 높다 한들 선진국일까?

노약자에 대한 복지편익도 선진국을 닮아가야 할 것이다. 어머님도 뇌경색으로 쓰러져 며느리 구완을 받지만 기초생활보장 수급자나 차상위 계층에 한해서만 정부지원을 받을 뿐, 시골집을 소유하고 있어 해당 사항에서 제외되었다.

얄팍한 세상과 잔꾀에 능한 자식들의 교묘한 속임수에 속은 어르신들이 앞일을 예견하여 말씀하신다. 재산은 죽기 전까지 손에서 놓지 말아야 대우받는다고. 늙은 부모가 걱정되어 풀 방구리에 쥐 드나들듯 하는 게 아니라 재산에 독이 올라 알랑방귀를 뀐단다. 그러면 정부의 도움을 받으려면 평생 어머님의 피와 땀이 밴 본가를 처분해야만 하는가.

소득을 따지자면 남겨주신 시골집보다 매달 조금씩이라도 지급되는 장애수당과 정부보조금이 생활하는데 더 요긴하지 팔지 않으면 쥘 수 없는 부동산은 큰 빛이 아니다. 그러한들 어느 자식이 하루아침에 정신을 놓아버린 어머님의 체취와 몇 푼의 보조금과 맞바꾸는 불효를 저지를까.

제 어미 눈도 감기 전에 팔아치운 본데없는 자식이라 마을에서 웅성거릴 게 뻔하다.

노인복지관에서 시행하는 프로그램도 도회지 위주로만 운영되어 읍면 단위는 혜택을 제대로 누리기 어렵다. 치매노인 한 분 보고 시골까지 차량을 운행하기 어렵다는 둥, 혼자서 화장실에 갈 만한 경미한 환자이어야 한다는 둥, 온갖 괴이한 수식어만 나풀대는 복지도 제도라고 시행하는지 형식적인 것은 아니 내세운 것보다 못하다. 한 분 보고 차량을 운행할 수 없다면 그 한 분은 노인이 아니고 환자가 아닌가?

허울뿐인 행정의 사각지대에 놓인 채 세월을 벗 삼으며 하늘의 부름만 기다리고 계신 분들이 비감하게 느껴진다.

구차한 자신을 원망하지나 않을까.

치매노인에게 온종일 매인 가정을 걱정한다면 시대에 걸맞은 이유와 타당성을 제시해야 할 때다. 기저귀를 사용하지 않고 혼자서 화장실에 갈 정신이라면 왜 돈을 들여가면서까지 복지관을 이용하나. 노인대학이나 경로당에서 같은 연배의 친구들과 어울리며 즐거운 한때를 보냄이 낫지.

쉽게 판단해서 치매란 자의적으로 배변조절이 불가능하고 판단능력이 떨어진 대상을 말한다. 당신 자신마저 잃어버린 분들에게 시달리는 가족들을 염려한다면 아이러니하게 포장된 복지 따윈 내놓지 말았으면 좋겠다.

한번은 매스컴에서 이런 방송을 보았다.

호주의 모 공항에 한국 할머니가 오갈 데가 없어 5일을 계셨단다. 그것이 매스컴을 타면서 호주라는 이국 만 리에 일파만파 이슈가 되었다. 오갈 데 없는 할머니 혼자서 먼 곳까지 어떻게 왔느냐가 중요한 게 아니라 며칠을 공항에 내버려두었다는 게 더 화젯거리였다.

호주에선 노인이 갈 데가 없어 노숙한다는 것 자체를 이해하지 못했다. 호주가 잘살고 부강하기까지 노인들이 나라에 공헌하였기에 지금의 호주가 있는 거란다. 그분들 약해지니 이제 정부가 안아주고 보듬어 줄 때라며 연금을 지급해 자식들 도움 없이도 충분히 노후를 보낼 수 있게끔 해준다는 보도였다.

지금 이 나라는 어떠한가. 소득수준이 4만 5천 불인 호주에 비하면 겨우 절반 수준이지만 고도성장의 밑거름은 지금의 어르신들이 일으킨 업적이 아닌가. 35년 일제식민지를 거쳐 6 · 25 전쟁, 월남전 참전, 춘궁기 허리를 졸라매며 새마을운동으로 길섶에 잡초를 비료대용으로 사용하고, 속살을 드러낸 민둥산에 나무 심기 부역을 하며 격랑의 세월 끝에 집집마다 자유롭게 통신망에 접속하여 갖은 자료들을 주고받는 유비쿼터스Ubiquitous 시대에 자동차로 몸살이 난다.

정부는 대한민국을 우뚝 서게 한 주역들에게 무엇을 해주었는가. 피골이 상접한 나라를 몸이 으스러지도록 바지런을 떨어 곧추세우고, 먹고살고자 온갖 고생으로 퇴행성관절염을 앓으니 자식들에게 천대받고, 길거리나 공원에서 밥 한 톨 얻어먹으려 줄을 서야 하는 초라함으로 전락해버렸다. 장래의 끝이 이럴 거였으면 잘사는 나라가 뭐 필요한가. 곤궁한 노인들을 정부가 보필하지 않으면 누가 하겠는가.

경제가 어려운데 부모에게 삼시 꼭꼭 따뜻한 밥으로 감지봉양甘旨奉養할 자식들이 과연 몇이나 될까. 파스를 붙이지 않고서야 식솔조차 건사하지 못할 근근한 형편이라 방치라는 둥, 패륜이라는 둥, 신 고려장이란 반인륜적인 행위들이 판을 친다.

그럴 수밖에 없었던 가족들에게 정부가 조금만 짐을 분배해 줬더라면 사회적 부패를 일삼지 않았을 거다. 2010년 보건복지부 조사결과에 따르면 73만 명의 노인이 자녀나 가족들에게 학대를 받는단다. 10명 중의 7명이 남에게 말도 못하고. 내 부모니 자식들이 알아서 처신하라는 책임 전가 식의 제도는 이제 거두어야 한다. 나라와 가정을 위해 공헌하였으면 정부도 언민을 베풀고 그에 상응한 보상을 함으로써 무궁화 만발하고 태극기 앞에서 가슴에 손을 얹고 맹세하는 역사에 길이 남을 민족국가가 되지 않겠나. 시급한 현안에 예산 탓하며 지난만 하지 말고….

마른 땅이 시원한 빗줄기를 바라듯 한 모금의 물로 목을 축이고 새로운 힘을 얻는다면 그 가정은 건강을 충전해 안식과 평화를 얻을 것이다.

노부모 때문에 형제간 우애가 상하고 부부싸움으로 와전되어 파탄위기의 가정이 법원의 문을 두드린다. 불신가정을 따뜻하게 다독여주는 게 진정한 국민을 위한 국민에 의한 국가라 생각된다.

2020년이면 국민 다섯 명 중 한 명이 노인이라며 초고령화 사회로 진입한다고 말로만 떠들지 말자. 가족에게 자식에게 짐 같은 초라한 존재가 아니라 아름다운 황혼으로 거듭나게 깊이 헤아려볼 문제다.

장애인과 노인복지에 입이 마르다 보니 어머님 치매 이야기로 번져갔다. 그뿐만인가. 드라마가 사실이 아니고 허구란 걸 알면서도 재벌가나 경제적 여유가 윤택한 가정에선 편안한 안방까지 의사들이 왕진을 온다. 안락한 침구에 누워 팔만 걷어붙이면 링거가 혈관을 쓰다듬는다.

사회에 배타적일지 모르나 의료혜택이 잘못된 길을 간다. 종합병원에서 전문의에게 진료를 받는 시간이 고작 2~3분이다. 호주머니 사정이 넉넉지 않아 가까운 보건소조차 큰맘 먹어야 하는 상황에 하물며 의료진들이 굽실거리며 간단한 처방을 내려주고 돌아갈 때 상위 1%가 아닌 노약자나 장애인들에게 그 시스템이 보급되어야 할게다.

감기몸살로 오한이 들면서도 주사 한대 맞고 하루치 약 처방받아 돌아오면 진이 다 빠진다. 예전 시골 보건소처럼 의사가 왕진을 다녔으면 더할 나위 없겠다. 절절함이 포개지다 보니 해야 할 말인지 하지 말아야 할 말인지 몰라도 가슴속에 맺힌 절규에 공감할 거라 믿기에 답답한 놈 하소연이라 여기시고 그만 각설하렵니다.

예전엔 어르신들과 마주치면 먼저 건네는 인사가 "식사하셨습니까. 밥 잡샀습니까"다. 끼니를 거르지 않음이 꼭 넉넉함의 상징인 것 같아 어머님은 늘 한 끼 굶으면 평생 못 찾아 먹는다며 무엇보다 챙기기를 강조하셨다.

때가 되면 배꼽시계가 울리는 게 생체적 리듬이다. 외출하다 보면 서로 원조, 어느 매체에 방영했다며 현란한 현수막이 간판을 장식한다. 하물며 인간인데 왜 구미가 당기지 않겠는가. 가족과 함께 맛보고 싶지만 내 돈 주고도 먹지 못할 때가 태반이다.

외식을 하고 싶어도 거만한 계단만 보면 바퀴가 멈춰버린다. 계단을 피해 이곳저곳을 찾아다니다 보면 처음 메뉴가 밀려버리고 계획에도 없던 음식으로 때운다.

한사코 먹어야 한다면 문턱을 넘어서더라도 식욕을 달래겠으나 타인에게 해를 끼치면서까지 삼키는 음식이 맛날 리가 없다. 배를 두드리며 먹은 들 돌아서면 반복이기에 도와준 그분들은 또 뭔 고생인가. 나 한 사람이 아니면 번거로움은 없을 걸. 자격지심인 줄은 몰라도 뭣 하러 나와 여러 사람 고생시키는지 가만히 들앉아 있으면 만인이 편할 텐데 하시는 분들도 계실 줄 안다.

염려의 눈초리를 가슴에 묻어도 식탁이 없다. 소위 따뜻한 온돌에 엉덩이를 지지는 좌식뿐이다. 앉은키가 높디높아 무대 위에 연극배우처럼 주위 관중에게 집중의 대상이다.

밥 한술 받아먹으면 앞에서 쳐다보고 반찬 한술 얻어먹으면 옆에서 엿본다. 개구쟁이들은 휠체어를 만지작거리며 유난을 떤다. 저리도 신기한가.

과연 처지가 바뀌었다면 시선 처리를 어떻게 하였을까. 어찌 보면 구경거리기도 하겠다.

잃어버린 과거를 다시 회억하듯 어머님께서 호호 불며 정성스레 떠먹여 주던 유년의 한 페이지를 본 듯한 표정. 멍하니 바라보는 수많은 눈길이 장애인들을 밖으로 나오지 못하게 만드는 건 아닌지.

음식이 코로 들어가는지 입으로 넘어가는지도 모르게 후딱 해치운 외식. 오붓한 만찬은 식탁 찾아 시간을 낭비하고 손님들의 뜨거운 호응을 받으며 짧게 마무리를 짓는다.

처지를 아는 지인들은 혹 특별요리가 있다면 무릎 꿇고 등을 내준다. 한번은 선배의 권유로 음식점을 찾았다. 선배가 아니었다면 상상도 할 수 없는 일이지만 후배를 생각하는 심근에 스무 개의 계단도 높지 않았고, 그 따뜻함이 조미료처럼 우러나 음식 또한 살살 녹았다.

오붓한 시간을 불편함이 따라서야 쓸까 싶어 주인장에게 한 곳을 가리키며 조금만 손보면 장애인이 편히 이용할 거라며 넌지시 메시지를 전하고 돌아선 그 이후로 다시 가질 못했다. 등을 내줄 사람도 없을 뿐더러 간절한 메시지가 그 주인장에게 봄철에 잠시 다녀간 아지랑이로밖에 들리지 않았는가 보다.

철판 하나만 펼쳐놓으면 될 것을….

설혹 오면 얼마나 올까. 아니면 방문에 대해 불편한 감정을 가지는지. 주인장의 깊은 뜻은 몰라도 좋은 음식으로 여러 사람에게 행복을 나누면 좋으련만. 하나가 되는 일은 즐거운 일이며 하나의 마음이 된다는 것은 함께

할 수 있어 참으로 행복한 일이다.

"남을 복되게 해주면 자기의 행복도 한층 더해진다."고 글라임은 말했다. 또한, 슈바이처도 "인류 모두가 행복하기 전에는 개인의 행복이란 없다."고 설파하였거늘 하물며 평범함조차 제대로 누릴 수 없음에 한숨이 나온다.

"아빠"

다음에 우리가 음식점을 하면 입구에 장애인전용음식점이라 커다랗게 붙여놓자. 식사가 끝난 후에도 여유로운 분위기에서 차 한 잔 마시며 쉬었다 갈 수 있게끔 만들려는 딸아이의 말에 가슴이 멀미하듯 울렁거린다. 아빠가 성치 않다 보니 쉬이 넘겨야 할 것조차 허투루 지나치지 않고 차곡차곡 스케치한다. 아직 때 묻지 않은 눈동자를 소유해서 그럴까. 수많은 모순이 곳곳에 도사리는데 왜 그들에겐 보이지 않을까.

장애인에게 편리한 시설은 누구에게나 편리하다는 캠페인도 있다.

모임을 하다 식사를 할 때면 번거로움이 이만저만이 아니다. 식탁이 기다리지도 않을 뿐더러 마땅히 있어도 여러 대의 휠체어로 한데서 간이식탁으로 해결한다.

한 폭의 풍경이 병풍처럼 수놓아 그럴싸하지만 쌀쌀함도 감소하고 따가운 양하陽夏도 고스란히 감안해야 한다. 너울진 그늘의 시원한 평상은 접근도 만만치 않을 뿐더러 발 빠른 자들의 화투판이 고함을 지른다. 그나마 춥든 덥든 야외용이라도 마음 써주니 허기를 면한다. 그것마저 준비되지 않으면 꼬르륵 요동 소리도 건강한 장기의 투정으로 받아들일 뿐이다.

건강할 때 제아무리 높은 턱도 두려워하지 않았다. 호주머니만 두둑하다면 자연과 더불어 혜풍을 맞으며 즐기는 게 선택이었다. 자동차의 무한 질주 앞에 사고는 더 과속화될 것이기에 한 시대의 동등한 커뮤니티가 될 날이 하루속히 왔으면 한다.

좁은 땅덩어리에서 학연지연, 사돈 팔촌, 따지다 보면 주위 어딘가에 몸이 불편한 분이 반드시 존재한다. 예전에 몰랐던 친구들도 상상의 폭이 넓어졌다. 무의식중에도 저건 저러면 안 되는데. 이건 조금만 신경 쓰면 될 거라며 속 깊은 말을 자주 뱉는다. 몰랐던 부분들을 함께함으로써 간접경험을 하는 것이다. 구구절절 피력한다 하여 깨우치고 누가 시켜서 알겠는가. 친구를 잘 둔 덕택에 돈 주고도 살 수 없는 비싼 세상공부 하는 게지.

하루는 청도에 업무차 내려온 친구가 가까운 유황온천에 초대했다. 따뜻한 온천이 혈액순환에 최고라며….

그 마음을 받들어 모시고 싶었으나 왠지 내키지 않았다. 온천을 즐기기엔 아직 만족할 시설이 부족해 이곳도 불가능할 거라 여겼다. 왜냐면 집과 30분 거리에 국내 최고인 부곡과 마금산온천이 78℃의 온천수를 뿜어낸다. 백암과 수안보, 경주, 온양, 해운대를 두루두루 경험해본 결과 아니온 들 못했다.

가는 날이 장날이라 주차공간마저 포화상태였다. 시설을 탐색하러 들어갔던 아내가 손을 흔든다. 반가운 사람에게 흩날리는 가벼운 손짓이 아닌 철군의 의미다. 가족탕은 엘리베이터가 없어 도저히 불가능하단다. 공간이 협소하여 업고 들어가 변기에 앉혀 샤워 정도 가능하기에 제아무리 혈액순환에 좋다한들 그림의 떡이라 자기 위주로 생각하여 어려움에 직면할 줄은 꿈에도 몰랐다며 미안해한다.

이왕지사 이렇게 된 걸 미련 두지 말고 내가 좋아할 거라 호언장담한 곳으로 발길을 옮겼다. 회색빛만 보던 색맹인 눈에 시골의 푸른 초원과 말(馬) 떼의 한가로운 오후 나들이가 바람에 호로록 날려간 민들레 홀씨 같다. 앳된 가녀림을 손바닥으로 감싸고픈 풍경과 유연한 자태에 아픈 추억 하나기 살포시 지나간다.

강둑에서 놀던 말에 정신을 빼앗겨 다리 위에서 떨어졌던 기억. 저 말이 아니었다면 아픈 기억도 하나가 줄어들 거란 생각에 인절미같이 쫀득거리던 아담한 테마파크에 어느새 당도했다. 황토 옷을 입은 민속주점에 통기타 라이브공연이 지친 일상에서 잠시 씻어주기에 더없이 좋은 곳이었다.

"포크송을 좋아하는 걸 어떻게 알았는지. 역시 내 친구야."

그런 생각이 머물기도 전에 수많은 인파로 주차 요원의 호루라기에 떠밀려 꼬리 귀퉁이에 주차하였고, 인산인해 속을 헤쳐 나간다는 것 또한 무모한 행위였다. 이동이 불편하다며 가까운 곳에 주차를 부탁해도 가까운 곳에 주차하려는 심정은 누구라도 똑같다며 개개인 사정을 다 들어 줄 수 없다는 오연한 태도에 조용할 때 들리자며 차 머리를 휙 돌려버렸다.

친구를 위한 온천도 휴일 오후 건배도 다 물거품이 되니 기다리란 한마디만 던진 채 주점으로 사라진 친구. 속 쓰림은 아랑곳하지 않고 과거 대학가요제를 휘어잡았던 꿈의 대화가 드럼을 친다.

"체, 넌 꿈과 대화라도 하니 좋겠다."

난 저곳에 눈도장이라도 한번 찍어보는 게 꿈이라며 퉁명한 볼멘소리 앞에 멀리서 나뭇가지같이 손이 나부낀다. 주차요원의 인솔이 꼭 경호원 엄호를 받으며 레드카펫 위에 연예인 스타가 된 듯 멋쩍어 몸둘 바를 모르겠다. 사정하고 부탁하면서까지 와야 하나 정말 힘들다.

"친구야!"

"돈이 억만금이 있으면 뭣 하겠노."

"가고 싶은데 제대로 못 가고 먹고 싶은 것 맘껏 못 먹는데"

"구걸을 하든 사정을 하든 이래라도 오지 않으면 언제 와 보겠노."

"성한 사람들은 백날 가도 모른다."

"부딪치고 깨져야 어려움과 불편함이 있구나 하며 고충을 알아줄 게 아니냐."

예서제서 곁눈질 구경거리처럼 망가진 모습을 드러내기 싫어하는 걸 알아도 지금 행동이 이 시대 장애인의 표본이라면 물러서면 진다. 비장애인들이 자신들만의 세상이 아님을 알게끔 더없이 깨닫게 피하지 말자.

가슴과 가슴이 교감하다 보면 잔잔한 파도가 해일로 변하듯 좋은 결과가 밀려올 거라 믿기에 안락한 자리를 마련해 뒀으니 설움을 걷어내잔다. 포기하고 돌아서기만 했던 곳을 친구의 열린 마음 덕에 들큼한 동동주가 음악에 융화되어 든든하다.

무심히 흘러간 시간마저 야속했다. 마무리를 알리는 DJ의 멘트에 "모닥불 피워놓고 마주 앉아서 우리들의 이야기는 끝이 없어라." 나지막이 내려

앉은 밤하늘에 우정을 실으며 투정 반 질투 반으로 들렸던 꿈의 대화가 샘물이 고이듯 입 안에서 맴을 돈다.

> 따뜻이 서로에 빈 곳을 채우리
> 외로움이 없단다. 우리들의 꿈속에
> 서러움도 없어라, 너와 나의 눈빛에
> 마음 깊은 곳에서 우리 함께 나누자
> 너와 나만의 꿈의 대화를….

노랫가락이 실타래처럼 풀릴 때 한참을 지켜보던 주인장께서 고구마를 갖다 주며 오늘 즐거웠습니까. 준비된 하루가 어렴풋이 지나가도 시간이 허락한다면 천천히 쉬었다 가란다. 언제 다시 만남이 되풀이될지 기약은 없어도 또 다른 추억의 책장을 넘기는 날이었다.

불편하더라도 최선을 다하겠다며 다음에 오시면 꼭 연락을 달란다. 며칠이 흐른 후에도 그때의 감동은 어미 닭이 품은 알처럼 따뜻했다. 한 번의 색다른 변화에 바람이 해갈되어 환한 미소를 짓게 해준 친구에게 재차 고마움을 전한다.

지금도 잊지 않고 마땅한 곳을 발견하면 휴대폰을 울린다. 동정과 타인의 도움을 필요치 않은 곳이야말로 바라는 파라다이스다.

주위 분들은 생각했던 것과 달라 선입견이 사라진단다. 어딘가 모르게 내성적일 것 같아 쉽게 다가설 수 없었고, 괜히 아픈 상처 헤적이는 건 아닌지 말조차 건네기가 조심스러웠단다. 하나같이 밝은 미소와 농담 섞인 호탕함에 반했단다.

좌절과 불행, 눈물과 포기, 선택에서 제외된 인생이라며 등져봐야 예전 건강함은 돌아오지 않는다. 순리에 맞추다 보면 찌푸린 얼굴도, 부정적인 사고도, 긍정적으로 바뀌어 여러 모로 플러스다.

사실 4월 20일이면 장애인 우선, "장애우 여러분 세상 밖으로 나오십시오."란 말을 유행어처럼 써먹는다. 밖으로 나오면 뭣하나 온갖 장애물에 파편 맞은 웅덩이가 이동권마저 보장하지 않고, 허기가 져도 벗어 놓은 신발 치울라 바닥에 타이어 자국 생긴다며 박대를 받는 줄 가족이 아니면 모른다.

사고와 재해의 희생은 모든 인간이 짊어진다.

아픔과 고통을 수반한 채 사회에 나올 때까지 자신과의 싸움이어도 현실의 벽에서 또다시 좌절의 아픔을 재차 겪게 해서야 되겠는가. 넘어진 사람 지팡이라도 건네줘 남은 생이라도 만끽하게 진정 이 사회가 일으켜줘야 할 일이다.

지금까지.

안 된다. 갈 수 없다며 포기와 사귀었다. 앞으로도 더 삭혀야 할 것이다. 더 많은 기대 속에 안 된다는 것이 될 수 있겠지. 못 간다는 것이 갈 수 있을 거란 반신반의가 확신의 믿음으로 오는 그날을 고대한다.

의도와 상관없이 장애를 안고 살아가는 분들에게 이 한마디가 뭐 큰 희망이 되랴마는 굳건히 용기와 힘을 내시길. 다가가지 않으면 아름다움은 항시 그 자리에 멈춰 있다. 비록 난세에 절망을 맛봤어도 주위 개방된 분들에게 먼저 마음의 문을 열자. 간단한 피동도 수발하는 보호자들의 피땀이나 화창한 봄볕과 가을바람에 훌훌 털어버리자.

고목에 새로운 생명이 돋듯 상가 분들과 친분이 쌓여 경사로에 주차관리도 해주고, 장애인 전용공간이 한곳에 듬직하게 마련되어도 양심 불량인 운전자들에게 점령될망정 예전보단 나아졌다.

이렇게 될 때까지 강산이 두 번 변했다. 온 입주민들의 관심과 주차 차량에 밀려 업어서 계단을 오르기가 예사였던 날들이 지난 세월 속에 다 지워져간다. 주차금지 표지판은 범퍼에 부딪히고 발길에 차여 소리소문없이 행방불명이다. 아직도 개선할 점과 복지를 위해 투쟁하는 분들의 노고에 깊이 감사를 드린다.

아빠의 책임도, 가장의 본분도 다하지 못했다. 오로지 관절이 굳지 않게 하는 운동과 아내의 손을 통한 음식으로 하루의 끈을 잇는 게 일과였으나 적응과 요령이 더할수록 혼자서 식사도 가능해졌고, 굳은살이 배이면서 휠체어도 조금씩 굴린다.

듬직한 남편, 부끄럽지 않은 아빠가 되고자 무뎌진 손으로 또 하루를 정리하며 만남과 해후의 인연 속에서 수호해준 가족과 지인들의 사랑에 남은 생도 빛을 나눠주는 촛불이고 싶다.

마음으로 걷는 길

유일하게 한 달에 한 번 지인들과 함께하는 아내만의 시간이 있다.
예전 이웃사촌 하며 마음을 트던 분들이 이제 어엿한 중년으로 돌아와
서로의 지난날을 회상하며 가정과 자녀에게 인생관은 물론 존재의 가치조차 잊은 채
어머니로만 살아왔던 무정한 세월을 그윽한 차향에 잠시 날려본다.

인연의 꽃

유일하게 한 달에 한 번 지인들과 함께하는 아내만의 시간이 있다. 예전 이웃사촌 하며 마음을 트던 분들이 이제 어엿한 중년으로 돌아와 서로의 지난날을 회상하며 가정과 자녀에게 인생관은 물론 존재의 가치조차 잊은 채 어머니로만 살아왔던 무정한 세월을 그윽한 차향에 잠시 날려본다.

누구의 구속도 없이 낭만의 공간에서 여성에게 존재하지 않을 것만 같았던 의리를 잔잔한 선율 위에 실어놓으며 웃음꽃을 피우는 자별한 사이로 거듭났다.

처음엔 해도 지쳐 잠든 시각에 바깥 외출을 찬 꺼려도 했다. 주위에 깔린 새치름한 시선과 흉흉한 소문들로 하여금 낮도 아닌 반소半宵에 모임이 탐탁지 않아 시간도 조정해 보기를 요구해봤고 불참하기를 은근히 부추겨도 보았다.

몇 년을 간호에만 전념했던 세상 물정 모르는 주부를 오색 난무한 환락 속으로 내보냄이 놓이지 않았지만, 막무가내로 가지 말라며 단정 지을 수도 보내 줄 수 없다며 칼로 무를 가르듯 단호할 수도 없었다.

반대하는 의도를 충분히 이해한다며 한 번만 믿어봐 달란다.

가정을 등한시할 것 같았으면 여기까지 왔겠느냐며. 아픈 신랑 다 살려 놓고 내 보금자리 찾았는데 이제 와 어디를 가겠냐. 간들 또 지금보다 낫다는 보장도 없고 밖에 나간들 고삐 풀린 망아지처럼 철없이 설치지 않는다고 안심을 주었다.

그 말에 다 일리가 있다. 사실 병원생활에 얼마나 많은 눈물을 흘렸나. 어린 나이에 1년여 세월을 알코올 냄새에 절어가며.

지금 믿지 못하기 때문이 아니다. 흉한 말이 또 괴롭힐지 몰라 그 점이 염려되어 신중을 기할 뿐이다. 손바닥을 폈다 오므리면 남는 것 하나 없이 싹 쓸어 모을 것같이 작은 시골바닥이 고향이자 시부모님을 비롯하여 삼촌과 사촌들이 터를 닦은 곳이라 행동거지와 몸가짐을 조심하지 않으면 치명적인 오점이 남기에 그 점을 걱정하는 것이다.

인간들이 저지른 행실은 다 나름대로 결백과 정당함을 강조해도 발 없는 말이 천 리 가고 일거수일투족을 노려보는 자들이 적지 않아 항시 조심성을 심어주려는 게다. 얼마나 다치고 아팠나 온 식구가.

밖을 나서기만 하면 얼굴은 웃음꽃이 만개해야 한다. 그렇지 않으면 어김없이 삶과 고난을 직결시켜 웃음거리가 없어도 미간을 펴야 하고 힘겨워도 주름과 멀리해야 하는데 어떻게 네온 거리를 여자가 편히 나다닐까.

그러나 주위의 시선이 곱지 않다 하여 아내의 사생활이 저당되어선 안 된다는 판단을 내렸다.

오전 9시, 아픈 허리를 달래려 아내가 운동 갈 시간에 맞춰 일어나 오후 7시면 자리에 눕는다. 눕는 시각이 달리 정해져 있는 게 아니라 그때그때 필요에 따라 맞추면 된다. 혹 집에 손님이 찾아오면 더 오래 머물지만 별 다른 계획이 없으면 되도록 일찍 누워준다.

앉은 지 3시간이면 신발이 신겨지지 않을 만큼 발등이 붓는다. 그 부기가 빠지려면 12시간 이상을 누워 베개에 다리를 올려놓아야 발가락이 제 형태를 갖춘다.

매일같이 부었다 빠지기를 반복하니 발등은 가뭄에 논바닥이 갈라지듯 터져 항시 연고를 달고 살고, 발가락 사이에 휴지를 끼워 놓아야 헐지 않기에 외출할 시간이 돌아오면 낮이라도 잠깐 누워주는 분별력을 발휘한다.

상태야 뭐 환자마다 다르겠지만 유달리 붓는 편이다. 정반대로 근육이 골아 양말을 신어도 고무줄이 헐거운 분도 봤다. 비록 보행과 무관한 다리라도 완전하면 남들 보기에도 좋을 텐데. 부지깽이처럼 뼈만 앙상한 걸 보면 속이 편치 않다. 걸을 순 없어도 아프지나 말고 통통했으면 하고.

못 움직이는데 살이 붙으면 무겁기만 하지 어디다 써먹겠나. 살이 없으니 가벼워 좋다며 애써 태연한 척을 하면서 다리에 살 좀 빼란다. 부인 고생시킨다며.

"허허허"

"살이 찐 게 아니라 부은 겁니다."

"호리호리하면 좋겠으나 뼈만 남은 다리보다 조금이라도 풍만한 게 미관상 좋지 않습니까."

웃음으로 가을 낙엽을 노랗게 물들여도 참을 수 없는 통증이 밀려온다. 바늘로 찔러도 튕겨 나올 만큼 뭉쳐진 종아리를 생각하면 단 일 초라도 서둘러 눕는 게 최선의 방책이다.

혈액순환에 제격이라는 운동과 치료를 병행해도 별 도움은커녕 전문의의 입을 통한 소견서에 비장애인도 혈액순환이 되지 않아 저리고 붓는데 활동이 거의 없으니 붓는 건 당연하다며 앉은 자세를 한번 훑어보란다. 90도로 꺾인 부분이 몇 군데인지.

각도기처럼 스르르 내려보니 세 군데가 꺾였다. 허리 부분, 무릎 부분, 발목 부분, 당연히 내려간 혈액은 올라오기가 어려울 것이라며 다리를 높이 올려주는 방법 말곤 없단다.

3시간이면 잘 쪄진 도톰한 발등을 호호 달래가며 아내가 현관을 들어서는 순간까진 목 놓아 기다린다. 앉았기 고단하면 누워서 기다리면 되지 않느냐고 반문을 일삼겠지만, 침대에서 꼼짝없이 6시간을 전전하기란 혼자서 돌아눕지도 못하여 더 괴로울 뿐이다.

힘들다며 낮도 강요해봤다.

요즈음 같은 시국에 사니 못 사니 거품을 무는 불경기에 혼자 벌어 애들 뒷바라지며 가정을 꾸려 나가기가 그리 만만치가 않다. 한살이라도 젊었을 때 삶에 보탬이 되고자 몸부림치는 맞벌이 부부들은 당연히 땅거미가 자욱할 때 가진다. 일주일 내내 출근에 휴일마저 모임으로 주부가 가정을 비운다면 어느 식구가 당찮아하겠는가. 잠시 저녁이라도 짬을 낼 수밖에….

화장경化粧鏡 앞에서 요리조리 고개를 돌려가며 찍어 바른 얼굴이 봉숭아를 닮아 탐스러운 눈빛으로 물끄러미 쳐다본다. 모든 채비를 마친 후 날아갈 듯한 낭랑한 어조로 일찍 들어올게요. 먹고 싶은 거나 무슨 일이 생기면 전화하세요.

이제 홀로 남겨졌음을 절실히 실감한다.

무엇으로 시간을 축낸담.

다리에 경련이 일어 휠체어에서 발이 떨어지면 큰일이기에 문턱을 넘나들 때도 사뿐히. 손님이 와도 현관문을 열 수 없으니 아무도 없는 척해야지. 몇 시간만 버티면 딸아이가 학원에서 돌아온다. 어떡하든 그때까지 텔레비전도 보고 컴퓨터게임이라도 하자.

보조기를 끼우기에 게임 다수가 허용되지 않아 고작 오목과 고스톱이다. 고스톱도 마우스를 수월케 움직일 수 없어 한판을 돌고 나면 강제퇴장을 당하든지 아니면 온갖 저속한 단어에 싸대기를 후려 맞는다.

타수가 느려 대들지도 못하고 욕만 먹고 흥부처럼 쫓겨난다. 신상이 노출되지 않는다고 이렇게까지 예절이 사라졌나. 그것 조금 늦었다 하여 뭐 큰 손해를 본다고 그리도 몰아붙이나. 빨리 빨리만 추구하는 이 현실과 낯모를 사이라 쉽사리 던진 말들이 깊은 상처인 줄도 모르고, 첨단의 컴퓨터를 유용한 곳에 사용해도 부족할 건데. 상흔을 남기는 데 이용되는 게 시간과 전기가 아까울 뿐이다.

욕에 찌든 눈빛으로 형광등을 바라보니 어딘가 모르게 한심함이 비친다.

무수한 네티즌이 가상현실에서 서로 피를 튀기며 총칼을 휘두르고, 듣도 보도 못한 금액이 왔다 갔다 사행심을 부추기고, 제 뜻대로 이루어지지 않으면 폭언과 온갖 알 수 없는 받침 빠진 용어들을 묘사하며 디지털 바다에 홀로 남겨진 로빈슨 크루소가 된 걸 보면 세종대왕이 통탄할 노릇이다. 항시 유용한 곳에만 사용할 순 없어도 타인의 인격을 모독하지 않고 건전한 범위에서 게임문화가 실현되었으면 한다.

오죽 답답했으면 네티켓이 나왔겠는가.

삭지 않은 분이 역류하여 뒷골을 뻐근히 감싸 시스템 종료고 뭐고 스위치버튼을 확 눌러버리는 순간 마침맞게 딸아이가 들어선다. 지루한 시간이 멈춘 것 같아 반가웠고 이제 외톨이에서 벗어난 안도감에 거실 한 편이 훤히 밝아온다. 늦은 저녁을 차리는 딸에게 조금 전 경험한 사실을 말하니 당장 복수하러 가잖다. 어느 싸가지가 우리 아빠에게….

컴퓨터를 장난감같이 주무르기에 어디든 접속하여 그놈이 아니래도 개운하게 화풀이를 하겠으나 이유 없이 피해자를 만들 수 있나. 복수한들 뭐 남는 게 있다고 혼자만 참으면 여러 모로 편한 걸.

"어이! 딸내미."

넌 망나니 짓은 안 하겠지. 이참에 못을 박아 놓아야지. 절대로 남이 안 보이고 모른다 하여 저속한 단어를 사용해선 안 된다.

"아빠 난 절대 그런 짓 안 한다며" 바르르 떤다.

안 보니 어떻게 알겠나. 내 딸은 누구보다 착하니까 믿을 수밖에.

볶은 나물에 흩뿌린 참기름처럼 고소한 이야기로 시간을 삐져내도 아직 3시간이나 남았다. 뉴스를 귀에다 담고, 낱말 맞히기 퍼즐을 눈에다 넣고, 쿵쿵 따로 입을 즐겁게도 해본다. 책을 읽어도 온통 뇌리는 액정화면 문자 메시지를 맴돌아 가늘게 한통 날린다. 즐거우신지 전화도 한 통 없으시구려. 무지무지 보고 싶다. 후딱 오시면 안 될까요. 사랑하는 거시기가.

"헤헤헤"

"따르릉"

5초도 안 돼 전화벨이 들썩인다. 얼마나 지났다고 그 목소리가 반가울 줄이야. 잠시 후면 도착한다는 그 한마디가 어떤 소식보다 애교스러웠다. 손에 들린 투정쟁이들을 달랠 주전부리에 저잣거리에서 엄마를 만난 듯 금방 먹구름이 싸하며 걷힌다. 비록 길다면 길고 짧다면 짧지만, 시간을 어떻게 할애하는지 몰라도 흡족한 것만은 분명하다. 저렇게 흔연한 걸 보면.

참으로 어렵게 얻어낸 6시간의 자유. 희색이 감돌 줄 몰랐기에 정해진 날짜만은 묵인해 주려 애를 쓴다. 한번 두번 반복된 시간도 차츰 요령이 생겨 창가에 자욱한 야경에 지난날을 반추해 보고 늘 초저녁에 눕다 보니 야심한 공기와의 농익은 대화가 소중하리만큼 건사하다.

혹시나 다음 달은 취소되겠지 은근히 기다리기도 했으나 귀가시간을 지키며 믿음을 주기에 그 정도쯤이야 인정해도 될 성싶다. 코앞에 다가온 피로를 조금 다독이면 지인들과 달콤한 저녁에 스트레스 날리며 밝은 일상으로 돌아와 활기찬 아침을 깨우기에 흐뭇함을 느낀다.

제아무리 세상이 밤낮없이 찬란하다 해도 시골에선 부녀자들이 어울려

배회하는 것만으로 빈축을 산다. 특히 아내 같은 경우는 오해의 소지가 더 더욱 크다. 행실이 곧아도 며칠 후면 의문의 말들이 귓전에서 나부낀다.

한번은 차를 세워두고 자동판매기 앞에서 커피를 마셨다. 당연히 내릴 수 없어 뽑아준 커피를 맛나게 얻어 마셨다. 자판기 이용은 누구에게나 평범하다. 그게 뭐 대단한 일인가 거리를 다니다 보면 익숙한 것을.

누구나 평범한 일도 우리에게 꼭 흉허물처럼 와전된다. 말하기까지 긴가민가하며 조심스레 발설하는 지인. 커피를 두 잔 뽑아 차에서 마시는 게 보통 사이가 아니라니 참 기함할 일 아닌가. 뜬소문도 돌고 돌면 비만이 되는 줄은 아나 얼토당토아니한 것도 팝콘처럼 엄청나게 튀어 오른다.

그 말을 듣는 순간 실성한 바보처럼 껄껄껄 웃음을 길게 뿜었다. 시청자의 마음을 아프게 하고도 남았던 드라마 〈사랑과 전쟁〉을 본 듯한 정숙하지 못한 불순 레퍼토리. 단지 눈에 비친 외형만으로 판단한 요소들을 거리낌 없이 비방하기에 다음엔 또 어떠한 괴담이 싹틀지 되레 몸서리가 난다.

자질구레한 범사凡事도 송곳으로 후벼 파 여간 조심스러운 게 아니다. 혼자 두고 어떠한 상황이 발생할지 몰라 손바닥만 한 읍내에서 소꿉놀이하듯 했다. 식사하든, 쇼핑하든, 노래를 부르든 간섭할 요인이 아니다.

고달파 방황하고 다닌다며 풍선껌처럼 부풀어 올라 외출을 해도 제대로 편히 한 번 머뭇거릴 수 없었다. 시골 인심 좋다는 말은 어촌이나 산간지방에서 외롭게 정을 다지는 분들에게나 맞을 성싶다. 읍 소재지는 도시도 촌도 아니요, 크지도 작지도 않은 어중이떠중이라 자연히 터줏대감과 토박이가 판을 치고, 몇 사람 입을 통하면 대통령까지 인맥으로 내세울 만치 말도 탈도 많다.

대수롭지 않은 일로 치부해도 훗날 또 무엇이 피부병처럼 돋을지 몰라 지역 내에서 모임을 삼가시켰다. 혼자 맛난 음식 먹었다며 손에 바리바리 싸온 행복.

좁은 곳에서 싸구려 쇼핑하며 얄궂은 누명 쓸 바에야 30분만 벗어나면 사통팔달 두루두루 도시다. 창원, 김해, 부산, 마산. 대도시에서 남들 시선 의식 말고 자기들만의 날개를 달라고 주문했다.

귀청 따가운 노래방을 싫어하고 조용한 라이브 음악이 촉촉한 찻집이 마련된 도시가 아무래도 국한된 시골보단 낫지 않겠나.

조용한 집에서만 지내다 보니 소란스럽거나 북적거리는 분위기에선 심장이 터질 듯 요동친다. 그물에 걸린 활어의 자맥질처럼 펄쩍펄쩍 뛰며 머리가 그물을 헤집는다. 간혹 만남이 깊어지면 노래가 꼬리를 무는 날도 종종 생긴다. 상대방 기분을 고려해 노래방 문은 두드리나 한 곡이 끝나기 무섭게 안개처럼 사라진다.

승용차에 있지 않으면 카운트 아주머니랑 차를 마시며 기다리기에 얼마만큼 싫어하는지 짐작이 갈 것이다. 딸까지 동원하여 애창곡을 줄줄이 엮어놓으면 살짝 엉덩이를 걸쳐 딸과 둘만의 시간을 가진다. 텁텁한 저음과 한참 유행하는 노래를.

"하여튼 아빠 분위기 다운시키는 데 선수다."

그 말을 인정한다.

세대차이 나지 않으려 나름대로 열심히 용을 써도 호흡은 거칠고, 랩인지 뭔지 가사도 읽기 전에 지나가 버리고, 외래어에서 머뭇거리는 줄 기계도 아는지 "빰 빠 밤" 90점을 찍어준다. 뭘 했다고 따라가다 한 곡 끝났는데.

"허허 참" 기분은 나쁘지 않네. 최면을 세워줬어.

이런 날도 있었다.

선배와 노래방을 찾았다. 당연히 아내는 보이질 않았고 추가로 시간을 연장해 학창시절 포크송까지 다 들추어내었다. 무더운 여름날 한데서 참다 참다 목도 안 아프냐며 들어서선 모기에 물렸다며 다리를 걷는다.

그 순간 조용히 마이크를 내려놓고 바이브레이션을 끊으며 밖으로 나왔다. 온 다리에 붉은 반점들이 점령해버렸기에. 지금껏 모기에게 헌혈로 사랑을 실천하는 사람은 처음 봤다. 이해하기 어렵다면 미련하다 하겠으나 시원한 에어컨을 두고 바깥에서 모기에 물려가며 신랑 기분 맞춰주려는 게 있음 직한 일인가.

오죽 싫어하면 밖에서 교전을 벌였겠는가.

비록 저녁에 갖는 소담한 모임일지언정 어떻게 행실을 하는지 안 보아도 충분히 감이 온다. 우여곡절을 겪으며 동화되었기에 몇 해가 가도 처음과 같았고. 얼마나 두터운 정분이면 초지일관初志一貫 영속할 수 있음이 감탄할 뿐이다. 가까운 이웃이라 속도 보여줄 수 있고 본분과 절조를 잃지 않기에 값진 시간인가.

양은냄비처럼 달아올라 정이 두터워지기도 전에 언행과 금전관계로 불화가 생겨 마주치기 두려운 존재로 전락하는 일들이 다분하다. 한 뱃속에서 태어난 형제나 친족도 못 잡아먹어 으르렁거리는데 세상에 남인들 오죽하랴.

가끔가다 부득불 귀가가 늦어진다. 쉬이 가는 시간도 기다리는 사람에게 길게만 느껴지는 게 시간이다. 계획표를 짜놓은 것도 아니기에 약속을 어길 수가 없지 않아 있다. 정해진 시간까진 조바심이 없다가도 시곗바늘이 넘어서면 급격히 피로가 화를 분출한다.

"기다릴 줄 알면서도 딱딱 못 맞추나. 들어오기만 해봐라. 가만두나! 혼자서 핏대를 세운다." 살며시 밀친 문틈으로 눈치를 살피며 들어서지만, 기분은 쉽게 물러설 태세가 아니다.

"믿고 보내 줬으면 정해진 시간까지 들어와야지."

밖에 일들이 정해놓은 시간대로 움직여지느냐며 늘 늦게 온 것도 아니고 가끔 늦은 걸로 그런다며 되레 화를 낸다. 적반하장도 유분수지 분노가 화산처럼 들끓어도 참을 수밖에 없다. 다음부터 보내주면 성을 간다며 고함을 지르며 말다툼도 해보고, 휑하니 바람처럼 나가 포장마차에서 술병도 세고 싶어도 그럴 수 없어 열린 창문으로 새어든 찬 공기에 삭힌다.

답답함을 토해내면 가슴이야 후련하겠으나 어떻게 해볼 엄두가 나질 않아 괜히 싸우면 답답한 건 나뿐이다. 육신이 자유로우면 단식투쟁으로 고집도 피워보겠으나 구차한 이 청춘은 호기조차 먹혀주지 않는다.

어떡하나 풀을 뜯고 싶은 놈이 고삐를 끊어야지. 눕혀 달라, 앉혀 달라, 밥 달라, 물 달라, 씻겨주지 않으면 기름기 줄줄 꼬질꼬질한데 맞짱을 떠보겠나. 하고 싶은 말이 천지라도 안 한들 못하여 속에 담을 수밖에.

사고 후 평생 싸울 것 다 싸워봤다. 그릇을 내동댕이치며 장식장 위에 화초와 도자기를 초토화해도 분을 다스리기보다 서로 냉전 기간만 길어질 뿐이어서 자연히 터득한 것이 "져 주는 게 이기는 거다." 싶어 냅다 가슴에 담아둔 말만 쏟아내고 밤하늘을 끌어당겨 마음을 띄워놓는다. 말귀가 어두운 사람이 아니기에 다음부터 주의하겠지. 본인의 판단에 맡길 수밖에.

우리 부부는 자신의 속말만 하고 날이 밝으면 미안함으로 쓱쓱 버무린 반찬이 싱거운 곳을 찾아 맛을 낸다. 가끔 외식하거나 술자리를 하다 보면 비스듬히 자정에 걸쳐진다.

집으로 돌아오는 길 아내가 묻는다.

"아저씨 몇 시쯤 됐을 까."

"11시가 넘었는데."

"느닷없이"

"봐라. 봐"

"밥 먹고 잠깐 이야기하다 오는데도 이랬는데 여자들은 거기에 쇼핑까지 추가하고 오려면 얼마나 설쳐야 하는 줄 아나 이 아저씨야."

"우와 진짜 고단수다. 저번에 한 말을 잊지도 않고 마침맞게 써묵노."

"하여튼 탱자 가시 같은 여자야…."

막상 넌지시 둘러가지만 변명할 여지가 없다. 그 말이 천만 번 옳기에. 어긴 결과만 중요하지 그 내면은 모른다. 막상 시간에 쫓겨 다음을 기약하며 일어서기가 힘들다는 걸 안다.

"참말로 보통내기가 아니야. 어째 그럴 때 현실에 비추며 톡 쏘는지 놀랠 노자다.

여자들에겐 쇼핑이 당연한 과제라 늦더라도 이해심을 발휘하려니 더 일찍 온다. 나이를 먹는지 오밤중에 돌아다니는 것도 춥고 발이 아파 못 할 짓이란다.

"참. 할 말이 없다."

"몇 살이나 먹었다고 벌써. 아직 새파란 청춘인데 꼭 다 산 사람처럼 왜 그러셔."

"자기를 십 년 넘게 받들어 모시다 보니 골병이 들어서 안 그렇나."

"아이고 그렇습니꺼, 미안합니더."

아무렴 자신보다 덩치 큰 신랑을 건사하다 보면 힘에 부칠 거다. 농담 삼아 장난삼아 흐려놓아도 마음 언저리가 아려온다.

지금도 모임은 계속된다. 추호도 반대할 생각은 없다. 충분히 알아서 하기에 덧붙일 말도 없다. 외출도 자유롭지 않던 여건에서 그나마 못다 한 자유를 누리길 바란다. 더도 덜도 말고 좋다 하여 금방 달려들지 말고, 싫다 해서 금방 달아나지 않고 오래도록 변함없이 유착되었으면 좋겠다.

어려운 환경과 고난 앞에서 뒷걸음치지 않고 굳건히 이겨냈기에 아내와 엄마라는 자리가 있다. 끝이 보이지 않았던 곤고한 세월도 고생을 아는지 서도書道와 피트니스로 문화생활을 향유하며 예전에 누려야 할 행복을 조금이나마 보상받는다.

청춘과 꿈을 송두리째 앗아가 버린 교통사고. 이제 남겨진 시간이나마 사랑 두 배 행복 두 배로 살 것이다. 비록 상애의 몸이라도 남들이 부러워할 만큼. 예전 아픈 기억이 서서히 옅어질 수 있게….

마음으로 걷는 길

피할 수 없으면 즐기라 했다.
삶을 봉쇄당한 장애인이란 꼬리표가 감당하기 버거웠지만
달리 마음을 다잡는다면야 장애는 불편할 따름이다.

세상 밖에 서다

피할 수 없으면 즐기라 했다.

삶을 봉쇄당한 장애인이란 꼬리표가 감당하기 버거웠지만 달리 마음을 다잡는다면야 장애는 불편할 따름이다.

산비탈에서 돼지감자를 캐 먹으며 칡과 친해서 유달리 산행에 애착이 강했다. 울긋불긋 단풍 옷으로 덧칠한 가을에도 제대로 된 여행 한 번 만만치 않았다. 고작 바람을 쐰다며 가까운 사찰이나 한 바퀴 휙 돌아온다거나 주남저수지 둑길 벤치에서의 커피 한 잔이 유일했다.

훌쩍 멀리 떠나고 싶은 간절한 옹알이에도 어쭙잖은 몸에 수월찮은 일이 없다. 자세를 교정해줘야 할 뿐만 아니라 잠자리까지 걱정해야 하기에.

집 떠나면 고생이란 옛말이 있지 않은가.

여행은 건강한 사람도 고생이라는데 나에겐 당연히 걱정거리였다. 혹 불미스럽게 탈이라도 난다면 여행기분을 그르치게 될 뿐 아니라 치료에 밤낮을 지새우며 수일간 침대 신세를 져야 하므로 고생은 이루 말할 수 없다. 정녕 자유로운 수족을 가진 이들은 욕창에 대한 무서움을 크게 모른다.

짓무른 작은 상처가 사망에도 이르러 매일 엉덩이로 달력을 새는 척수장애인들은 가장 두려운 게 욕창이라 몸을 움직여 마찰 면을 최소한으로 줄여야 한다.

감각이 없어 오래 다져진 피부는 얼핏 소홀하면 시커멓게 괴사해버린다. 그 부위를 포비돈과 생리식염수로 소독하여 선풍기로 말리거나 상처가 깊으면 새살이 돋게 절개하여 기나긴 시간을 엎드려 참고한다.

세월아 내월아! 꾸준히 치료에 임해야지 조바심이 나 비비적거리면 덧나기에 시간과의 사투라 묵중한 심리와 연관이 깊다. 과거 의술이 미흡한 나머지 귀한 생명을 수없이 등창이 앗아갔다. 땅따먹기하듯 야금야금 잠식당한 엉덩이를 다른 부위의 피부로 이식하지 않으려면 제아무리 비싼 수입품 공기방석이라도 사용할 수밖에.

방석 하나에 오륙십만 원 상당하는 것을 2~3년에 하나씩 교체한다. 재질이 고무라 사용이 길어지다 보면 펑크도 나고 풍선처럼 부풀어 올라 가격이 그 이상을 호가해도 외면할 수 없다.

한번 움직인다면 모든 게 걱정이지만 활력을 위해 여행도 한 일부분이라 휴가를 신청한 선배와 딸과 함께 설악산으로 향했다.

차창으로 비켜간 자연의 외외함을 만끽하며 중앙고속도로를 달려 대관령에 도착할 무렵 오후 2시가 턱을 고였다. 출발한 지 8시간 만에 대관령 휴게소에 당도하여 별주부전에 간을 가지고 꾀를 부린 교활한 토끼와 허연 수증기를 산더미처럼 뿜어내며 경제의 동맥이었던 증기기관차가 신분을 잃은 채 녹꽃綠花으로 산화한 애련함을 지켜보며 강릉에 도착할 무렵 엉덩이는 용광로처럼 들끓었다.

추풍의 오죽헌은 학창시절의 필수과목인 수학여행 학생들이 긴 그림자를 묶고 줄다리기를 하듯 늘어졌다. 먼저 시찰을 마친 아내가 위축된 계단으로 하여금 불가능이란 판단을 내렸다. 차에 앉은 채 배롱나무 아래 붉게 떨어진 꽃잎을 눈으로 주워담으며 만산홍엽으로 향했다.

때늦은 점심에 살짝 삐친 뱃속 투정을 받아주려 휴게소에 잠시 머무르다 설악산에 도착하니 오후 5시가 굽어본다. 케이블카 맛이나마 보여주려 애써 설악산까지 달려왔건만 주차장부터 수많은 행락객으로 발 디딜 틈조차 보이질 않았다. 등을 밀치며 나아감이 자일 없이 암반을 오르는 격이라 차에서 기다리기로 하고 가족만 부스스 올려 보내며 딸의 뒤통수에다 "여기까지 왔으니 늦더라도 꼭 케이블카 한번 타보고 와라."

'아빠 걱정은 하지 말고.'

환한 미소로 OK를 외치며 붉디붉은 향연 속으로 스며들었다. 비록 흙도 디뎌볼 수 없으나 설악의 고운 단풍이 하늘거리는 맑은 묘경을 찬양하는 것만으로도 기쁨이 하늘을 치솟는다.

학창시절 희미한 사진 정중앙에 담임선생님과 어깨를 나란히 하던 희미한 추억에 흔들바위와 비선대의 위상을 홀로 상상하노라니 우스갯소리 하나 스쳐 간다.

강호동이 흔들바위를 밀어서 굴러떨어졌단다. 그런데 그 밑에 일본군들이 올라오다 다 깔려 죽었다나 뭐라나. 이런 유머도 일제가 전국 방방곡곡에 한민족의 정기를 말살하려고 쇠말뚝을 박아 풍수 침략을 했기에 정부와 국민의식 속에 남아 있는 청산하고 싶은 의욕에서 나온 유머일 거라 믿으면서도 어딘가 모르게 입안이 씁쓸하다.

청량한 산소를 결박하는 저 포연 같은 아저씨의 담배 연기, 즐거운 여행을 부족한 주차장문제로 옥신각신 승강이질로 홍조가 핀 아기 아빠, 과다한 음주로 국립공원이 안방인 양 들까부는 밉살스런 아줌마의 거대한 둔부, 정말 특별한 행복을 다 소유하면서 괴상스레 노는 걸 보면 저 행복을 준다면 산 다람쥐처럼 펄쩍거리고 다닐 텐데.

단 한 번만이라도 가족의 손을 잡고 군상의 일부로 돌아가고 싶다. 과거 기억에서 탈피하려 해도 순간순간 상념들이 빈틈을 파고들어 괴롭힌다.

이런저런 사색에 잠겨 있을 때 보닛 앞에서 불현듯 딸이 불쑥 솟구친다. 수많은 인파로 대기자에서 밀려나 케이블카에 대한 아쉬움을 접으며 발길을 돌렸단다.

다른 건 몰라도 꼭 태워주러 했는데 저것마저 외면당하니 먼 길을 온 보람이 없다. 마음만 비춰보고 돌아설망정 우리에게는 내일도 있고 모레도 있다. 케이블카에 대한 미련을 종이접기하듯 구겨 버렸다. 산악의 하루해는 머뭇거릴 여유도 주지 않고 뒷설거지를 하기에 서둘러 피곤한 몸을 뉠 쉼터를 구해야 했다.

이쪽에 가면 예약이 되었다. 저쪽에 가면 방은 비었으나 엘리베이터가 없다. 또 다른 곳은 한번 들어갔다간 다음 날 아침까지 계단에 발이 묶일

판이다. 날은 어둑하건만 이쪽저쪽 알아보며 배회한 지 한 시간이 지나도 쉴 만한 공간 하나 시원히 나타나질 않았다.

속초 시내를 수소문해도 엘리베이터가 준비된 여관은 없었고 엘리베이터가 비록 없어도 입구가 완만하면 침대 방은 다 고층이었다. 푹신한 침대가 놓인 하루 저녁 보금자리 하나 구하고자 2시간을 돌아다니는 실정이 참으로 처량하다.

이제 할 말마저 지쳐 갈 곳은 침실 두 개에 18만 원 호텔뿐이다. 불과 몇 시간 후면 새벽이 깨우거늘 거금을 주면서까지 눈을 붙여야 하나.

2시간을 온천마크를 찾아 거리를 방황해도 구하지 못했다. 이런 곳에서 잠이 올까. 그렇다 한들 다시 어둠의 하이에나가 될 수 없어 가방을 풀었다.

엘리베이터와 넓은 객실. 처음 맞은 호사에 돈이 좋긴 좋았다. 왕래하게끔 설계되어 이리도 자유로우니 얼마나 좋나. 계단 한편에 경사로 좀 만들고, 몇 층 이상 신축건물은 편의시설을 목적으로 허가와 준공검사를 내준다면 잠자리 하나 때문에 귀한 시간을 허비하며 호텔에 투숙하지 않아도 되니 호주머니가 녹록지 않은 이들에게 더없이 자비로운 일이 아닌가.

꼭 계급장같이 무궁화가 가득해야 아늑하거나 초라하면 보잘것없다는 편견은 버리자. 고품격은 그만한 여유와 위치에 걸맞은 자들이, 다소 낮은 곳은 또 그게 맞는 자들이 부담 없이 이용하게끔 구조변경을 했으면 한다.

호텔은 저녁 식사마저 자연스럽게 선택의 폭이 넓었나. 황태구이와 동동주를 곁들이며 자축의 노래를 불렀다. 쉽사리 얻어지지 않는 여행이라 기뽐을 만끽하라며 손수 운전도 자청해주며 세세한 부분까지 거들어준 천사 같은 선배.

"아니 천사는 여자인가."

"하여튼 남자 천사라 하자."

마땅히 표현할 미사여구가 떠오르지 않는다.

여정의 고단함에도 선배와 둘만의 데이트를 즐기자며 밖으로 나갔다가 한참 후에야 돌아온 딸. 포장마차에 갔다며 연탄불 석쇠에 노릇노릇한 꽁치구이의 맛을 잊을 수가 없는지 세월이 지난 후에도 그때를 들추며 "죽음이다. 죽음" 엄지손가락을 곧추세운다.

아빠가 해 줄 부분들을 선배가 꼼꼼하게 틈을 메워 주었다. 고성 산불에 휩쓸린 민둥산의 처량함을 동해가 위무하듯 철퍼덕 어깨를 두드린다.

애잔하고 먹먹한 가슴을 달래며 도착한 통일전망대의 가파른 경사길이 눈에 번쩍 띈다. 뭐 눈엔 뭐만 보인다고 어디를 가도 그런 것부터 먼저 살핀다.

"갈 수 있나 없나 가능하나 불가능하나."

"주차 가능 스티커를 흔들며 올라가 버릴까."

"얼굴에 철판을 깔고 조금만 구경하고 갈게요 하며 떼를 써볼까."

근데 저 바리케이드를 누가 치워준담. 실향민인지 관광객인지 어르신들도 지팡이를 짚으며 허리를 굽히는데 모세가 바다를 가르듯 차로 올라갈 용기도 없었고, 간들 구경할 수 있을지조차 회의적이었기에 또 포기한 채 확성기를 통한 정숙한 분위기에 만족했다.

망원렌즈에 잡힌 금강산을 본 딸은 가이드가 된 양 볼펜을 마이크 삼아 브리핑을 하고 아내는 반드시 캠코더를 준비해야겠단다. 녹화하여 보여줘야 궁금증이 사라질까 하여.

"북한 땅이나 남한 땅이나 다 거기가 거기지 뭐."

"우리 딸 잘 보고 왔으면 그만이지."

애써 태연함을 들이켜도 후련하지가 않다. 꼭 구경해서 좋은가 이런저런 얘기를 나누며 어울리고 싶어도 따라주지 않는 걸 어떡하리.

나 한 사람의 간구함이 곧 달걀로 바위 치긴 걸. 장애인을 고려한다면 최북단의 장엄함과 쪽빛 바다가 내 것일 텐데. 야속함을 길섶 노점에서 파는 오징어를 잘근잘근 씹으며 7번 국도를 미끄러져 모래시계로 유명해진 정동진역이 기적을 울린다.

사실 우리만 반겨주었을까?

새벽 바다에서 검붉은 햇살이 떠오르길 기다린 해돋이 객과 아픈 사랑을 떠나보내는 이별여행의 무거운 발걸음도 추억으로 남았으리라. 해조음처럼 가슴이 확 뚫리게 고래고래 고함이라도 질러봤으면. 동해에 어깨를 걸친 저 소나무와 가족사진이라도 한 장. 감탄사를 연발할 만큼 아름다움의 극치다. 파도가 마냥 게으른 남해만 끼고 살아서 그런지 감동의 도가니였다.

정말 동해의 일출은 어떠할까?

지리산 천왕봉의 일출과는 전혀 다른 광경일 게다.

각종 포즈로 흥에 겨운 딸. 요염함을 과시한 드라마 주인공이 된 아내.

아련한 추억을 술회하듯 추파에 눈길을 빼앗긴 선배. 이런 행복을 또다시 차 안에서 간과해야만 했다.

널리 알려진 장소라 관광객 또한 초만원이다. 투명유리를 통한 정동진의 아름다움이 한눈에 들어와 굳이 내릴 이유가 없었고 지나가던 길이라 간단히 접목하고 목적지인 동해로 서둘렀다. 숙소를 마련해놓고 풍미를 즐기자며 기우는 해를 머리에 이고 아래위로 훑고 다녔다.

동해에선 속초보다 더 어려웠다. 그 유명한 곳도 2시간을 돌아다니다 결국 호텔을 이용했는데, 엔진이 불이 나도록 설쳐도 혹하는 곳이 없었다. 어제도 오늘도 방랑자가 되니 짜증이 치솟지만, 고생도 여행의 묘미라 치부하며 계단이 버텨도 엘리베이터에 침대만 있으면 만족이었다.

엘리베이터 OK, 침대 OK, 숙박비 만족, 모든 조건이 그만인 숙소가 나왔다. 험상궂은 계단만은 빼고. 애면글면 업어야 하는 조건이라면 그 숙소도 절레절레지만 지금 듬직한 선배를 믿기에 어렵지만은 않았다.

되풀이되는 번거로움이 귀찮아 야식을 시켰다. 저녁 한 끼라도 현란한 요리로 기분을 상승시키려던 것이 악조건에 묶여 일회용 그릇에 담긴 음식과 소주 한 병으로 만찬을 흉내 냈다. 동해의 밤공기와 벗을 삼았으면 금상첨화인데 두 평 남짓한 방안 TV 불빛과 겸상함이 서운함을 더해도 고단한 육신을 씻을 수 있음이 더없이 좋다.

눈썹이 달라붙자마자 떨어진 것 같은데….

일찍 영혼을 챙겨 상쾌한 아침 갯내를 맡으며 달리기 시작했다. 한 끼 그르면 평생 못 찾아 먹는다는 아침은 어쩌고 오디오에서 밀물처럼 밀려든

포크송을 얼버무리며 도착한 성류굴. 동굴의 신비함과 종유석 관람을 다 할 때까지 조용히 음악에 취한다.

무위자연無爲自然에 빠졌던 딸이 한사코 엄마를 끈다. 동굴 초입에 할머니 한 분이 밤이며 대추, 약재로 좌판을 벌였다. 야생 밤이라 씨알이 도토리만 해도 측은함에 한 됫박 들어주었다.

아빠가 타인의 도움을 받는 걸 보았기에 가벼운 시선으로 지나치지 않는다. 어릴 때부터 장애인단체와 아유회를 가든지, 모임에서 점심을 먹더라도 엄마가 아빠를 챙겨야 하니 늘 아주머니들과 함께 밥을 먹다 잠이 오면 그 자리에 툭 구부러져 자고 깨어나면 싱긋이 웃으며 다가온다. 엄마가 보살펴도 까탈을 부릴 나이에 커다란 수저와 싸우며 오물거리는 걸 보면 대견스러우면서도 제대로 된 사랑한 번 주지 못한 게 사무친다.

잽싸게 받아먹고 배부르다며 아내를 보낸다. 엄마가 올려준 반찬을 먹으며 호호거릴 때 먹지 않아도 배가 부르다. 해맑은 딸에게서 엄마를 뺏어버려 미안하나 엄마를 아빠에게 양보해준 마음에 향기가 난다.

그런 환경에서 자랐기에 어려운 사람을 돕는 것이 당연하다. 거리를 가다가도 성금함이 보이면 어김없이 아빠 천 원만 하며 손을 편다. 천진하고 예쁜 항심을 오래도록 지녔으며 좋겠다며 스스로 만족할 때 경주가 믿음직스럽다.

천년 고도의 경주. 본디 아내의 고향이자 중학교까지 새침데기 짓을 하던 곳이라 친구들과 친척들이 부족함이 없다. 경북 사람을 만난 덕에 구석구석 눈도장을 찍어 반 고향이다.

장애인들이 여행할 수 있는 최적의 장소. 샐 수 없이 가도 불편하거나 애로사항에 입술 깨문 적은 단 한 번도 없었다. 안내와 주차장, 관람료, 식당 모든 기반시설이 여행객을 배려하기에 자주 들른다.

경주홍보대사처럼 여길지 모르나 불편함이 뒤따르지 않다 보니 자랑이 늘어진다. 그건 그만큼 편안하다는 뜻이다. 안압지공원 벤치에서 달려온 2박 3일의 여정을 되뇌었다.

선배가 아니었으면 계획도 세워보지 못했을 것을 헌신적인 공조에 값진 보람을 얻었다. 떠날 때의 벅찬 기분과 두근거림, 몸 상태에 대한 근심 반 기대 반으로 여기까지 왔다.

막상 경주에서 굳은살 박인 손으로 휠체어를 굴리니 나름대로 어딘가 모르게 텅 빈 듯 절여온다. 좀 더 유익함이 아니라 제대로 된 관람에 대한 미련일까.

오죽헌, 설악산, 통일전망대, 정동진, 성류굴, 중간에 잠깐씩 들른 몇 군데가 사흘 동안 2,000㎞를 회귀한 경로다. 입소문 난 곳은 두루 둘러본 것 같아도 사실 체득한 건 빈한하다. 선택한 노선에 대한 정보 부족인지 몰라도 인파와 열악한 시설로 안압지에서 처음 내렸다. 관람은커녕 원경을 편린하고 숙소 고민에 긴 시간을 빼앗긴 사사로움에 혀를 찰 뿐이다.

말로만 장애인을 우선이라면 뭣하나.

이동도 끼니도 제대로 할 수 없고 부뚜막에 걸터앉아 먹고 가기가 일쑤다.

이런 것만 해도 서러운데 그 한 몸 뉠 숙소가 궁전이 되어서야, 형식적인 행정이 아니라 내가 일상생활에 요구하는 것처럼 무엇이 필요한지 관심을 기울인다면 타인의 도움 없이도 평등함을 누리지 않을까 싶다.

밀찡힐 땐 아무것도 몰랐다.

막상 하루아침에 장애인이 된 지금 이 현실과 여건에 맞추어 진화하려 해도 모든 환경이 너무나 멀게만 느껴진다. 적응이 곧 생존인 탓에 많은 걸 포기한다. 문턱만 넘어서면 전부 다 벽이다. 뛰어넘으려 용쓰는 게 아니라 오르지 못하여 포기한 20년이다. 앞으로 내 인생에 더 큰 빛이 있을까.

유쾌한 여행이 저린 꽃으로 폈어도 김세환의 포크송에 그때의 행복이 콧노래를 부른다.

단 3일이 우리 가정에 단단히 뭉치는 응집력이었다. 남자 천사는 아직도 변치 않고 사랑을 심어준다. 세상에 긴 병에 장사 없고 효자 없단다. 막상 안 보면 죽을 것처럼 우호적이던 친구들도 떠나는데 안면도 없던 선연善緣으로 다가온 걸 보면 이런 분이 어디 있으랴. 자기 가정과 가족이 아니면 등한시하는 속절없는 세상에.

난 유복하다.

돈보다 더 소중한 연을 맺어 편견을 타파하니 새로운 삶을 개척할 희망이 생긴다.

마음으로 걷는 길

연례행사와 별반 다르지 않은 일이 하나 있다.
그날이면 약속도 계획도 세우지 못하고 모든 일정을 맞춰야 하는 더없이 중요한 날이다.
인간이라면 매일매일 치르는 기본적이고도 지극히 평범한 일.
웰빙을 노래하는 21세기에 건강한 표본이 잘 먹고 잘 배설하는 것이다.

보배로운 사람

연례행사와 별반 다르지 않은 일이 하나 있다. 그날이면 약속도 계획도 세우지 못하고 모든 일정을 맞춰야 하는 더없이 중요한 날이다.

인간이라면 매일매일 치르는 기본적이고도 지극히 평범한 일.

웰빙을 노래하는 21세기에 건강한 표본이 잘 먹고 잘 배설하는 것이다. 그것이 아침마다 혈압을 동반한 고통일 수도 아니면 세상근심을 풀어낼 상쾌함일 수도 있다. 누구나 차이는 미묘하나 별 어려움 없이 해결하는가 하면 다리가 저려 콧등에 침을 바르며 오랜 시간 집중을 요구하기도 하고, 도저히 약이 아니면 개운함을 맛볼 수 없음도 다수다.

강녕康寧이라 했듯이 오복 중에 심신이 건강하기 위하여 먹는 즐거움이 빠지겠느냐마는 먹는 건 행복으로 치부하면서 배설은 불편해 하는 게 인간의 본성이다. 자신의 건강과 직결되는데도 말이다. 갓난아기와 과거 임

금님은 변의 색을 보고 건강을 검사하였다고 하지 않나.

그러기에 속이 더부룩하면 으레 화장실로 향하는 당연한 행동도 지체 환자들과는 거리가 멀다. 가슴 아래론 감각이 무디기 때문이다. 바늘로 찔러도 요지부동에 간지럼을 태워도 모른다. 때론 무감각이 이로울 때가 있다. 주사를 맞는다거나, 상처에 드레싱을 한다거나, 오래 앉아 있어도 배기는 줄을 몰라 그런 점에선 오히려 더 효과적이지만 불편한 점은 이만저만이 아니다. 생채기가 잘 아물지도 않고, 피가 흘러야 확인이 가능하고, 쾌감도 느끼지 못하고, 대소변조차 조절이 불가능한데 일일이 글로써 다 나열하겠는가.

뇌의 전달이 몸과 일치하지 않아 조심할 수밖에….

부득불 음식을 잘못 먹으면 종종 실수를 유발해 기름기를 되도록 피한다. 유유상종이라 장애인을 만나면 그런 걱정은 덜게 된다. 실수하더라도 서로 이해하기에 당황스럽지 않으나 비장애인들 앞에선 작은 실수에도 난감하다. 마비라는 단어만 이해하지 생리적인 현상은 어떻게 처리하고, 휠체어를 밀 때도 왜 조심을 해야 하는지 몰라 더더욱 조심스럽다(중심 걱정은 하지 않고 힘 끝 밀면 된다고만 여긴다).

화장실에 좌변기가 마련된 곳도 부족할 뿐더러 좁디좁아 불편하기 이를 때 없다. 생리적 현상에 촌각을 다투는 걸 인지하는 건 아내뿐이다.

"조금 참았다가 나중에 봐야지. 아니면 집에 가서 해결하든지. 도저히 참기 어려우면 전봇대 옆에라도 가볼까. 노상방뇨는 안 돼 참자." 이런 구구절절은 어울리지도 않고 선택할 여유조차 주지 않는다.

뜻, 마음, 생각이 무시되어 모든 장기인들 고분고분 따를 일이 만무해 매양 의사소견서에 배변장애가 철석같이 따라다닌다. 그 이유가 조절불가가 아니겠는가. 소변이 차면 주위 누가 있든 제 할 짓만 한다는 것이다. 소변 처리용 의료기에 의존하다 보면 굳이 화장실에 가지 않아도 가능하지만 배앓이는 속수무책이다. 밖에선 달리해볼 방법이 없다.

컨디션이 좋지 않으면 아예 바깥출입을 삼가는 게 돕는 일이라 타인들 앞에서 낭패를 사전에 방지하고자 가고 싶든 가기 싫든 사나흘에 한 번씩은 노크한다.

약의 도움을 받아 샤워까지 마치면 두 시간이 족히 걸린다. 시작부터 끝까지 손을 빌리다 보니 연례행사에 비유한다. 번거로운 두 시간을 며칠에 한 번씩 치르기에 그렇게 칭할 수밖에….

업고 들어가 업고 나올 수밖에 없는 화장실 문화는 변기에 앉은 채 일사천리로 이루어진다. 바닥에 앉아 태연히 때를 밀거나 더운물이 그득한 욕조를 넘어다봄은 어림도 없다. 아니 기회가 주어지지 않았을 뿐이지 왜 생각인들 없었겠나. 따뜻한 물이 철철 샘솟는 온천에서 반신욕과 찜질을 해봤으면. 동일冬日에 차디찬 타일에 둘러싸인 욕실에 홀로 앉노라면 냉기에 오싹함이 돋는다. 빨리 일을 마치고 따뜻한 샤워가 새삼 그리워질 때다.

목욕하다 보면 물살에 파장되어 돌아온 한마디가 있다. 퉁퉁 부은 하반신을 온천물에 푹 담가놓고 지압과 마사지를 받게 해주고 싶단다. 비록 제구실 못하는 다리라도 뜨끈한 온천물을 얼마나 그리워할까. 설마 미비가 풀려 걸음마를 떼는 건 아니겠지.

휠체어에 육신을 묻은 후 일류가족탕도 이용해보았으나 모두 하나같이 욕탕에 발조차도 담가보지 못했다. 내 집 샤워부스를 통한 온수가 제일 편하고 최고라 지압과 마사지, 찜질방에서의 느긋한 낮잠은 마음으로 충족하며 청산리 벽계수를 읊는다.

두 시간의 과정이 끝나고 침대로 옮기면 거친 숨소리와 다리의 떨림이 몫질을 한다. 꼭 태질당한 포댓자루 같아도 미안함이 한구석에 둥둥 떠다닌다. 각종 연고로 갈라진 발등과 헐어버린 발가락 사이를 달래고 폭삭한 옷으로 갈아입는 여기까지가 두 시간의 공사다.

"이보시오. 남들이 듣나 보나 공사보다 행사라 합시다. 파서 뒤집는 공사보다 치르는 행사가 낫지 않겠소." 해서 붙여진 것이다.

"오늘도 수고 해수다."

"휴"

"또 잊어버렸다."

한번 치르고 나면 유쾌 상쾌 통쾌. 며칠은 메이지 않고 자유스러워진다. 나 한 사람의 일이 일정을 바꿀 만큼 대사다. 기운이 부치기에 걸음걸이 하나라도 조심하지 않으면 엄청난 화근을 초래한다. 매사에 조심이란 단어를 내걸지만, 사람의 일이란 게 조심한다 하여 비켜가고 피해 가는가. 무방비 상태에서 다가오는 것을.

빙판을 걷는 우리에게 폭풍이 몰아치고 말았다.

그날도 학교를 마친 딸에게 할머니를 부탁하고 목욕재계에 들어갔다. 별 어려움 없이 마치고 침대로 옮기던 중 바닥이 미끄러워 주저앉고 말았다.

방어능력을 상실해 어디로 접힐 줄 몰라 골절되기가 십상이다. "악" 비명과 함께 눈앞은 캄캄하고 가슴이 저려 뒤도 돌아보지 못한 채 기녀린 신음을 뱉으며 다리는 괜찮으냐고 가늘게 물어본다. 호흡이 곤란한 것 외에 큰 이상은 없어 보였다.

정말로 걱정할 사람은 내가 아니라 체중에 눌려 붙어버린 아내였다.

미끄러지면서 바닥에 무릎이 부딪혀 고통만 호소한다. 상태확인을 하려면 서둘러 나오는 게 급선무지만 아픈 다리로 옮기는 건 불가능했고 다급한 목소리에 놀란 딸과 협공작전으로 겨우 그곳을 벗어났다.

다쳐도 아픈 줄을 모르니 붓든지 열이 나든지 이상 반응을 보이기를 기다렸다. 하지만 아내의 상태는 점점 심각해져 갔다. 양쪽무릎에 얼음마사지를 해줘도 점점 더 부어오른다. 밤새 끙끙 앓더니 날이 밝아도 통증은 수그러들지 않아 근처 병원을 가는데도 아무것도 해줄 게 없다.

아픈 다리를 끄는 뒷모습에 가슴을 쳤고 무위한 현실에 한없이 짓눌렸다. 지금으로선 별 탈 없이 무고하기만을 바랄 뿐이다. 몸도 성치 않은 사람을 보내 놓고 심골을 분지를 때 전화기가 바르르 떤다.

인대가 늘어나 깁스를 하고 4주 입원을 필요로 한다는 맥이 빠진 목소리에 순간 땅이 꺼진다. 전신마비인 나, 뇌경색으로 정신이 혼미한 어머니, 급식하지 않아 매일 도시락을 준비하는 딸, 이런저런 일들로 만감이 교차히어 명쾌한 답을 제시할 수 없어 꿀 먹은 벙어리처럼 망창함에 빠졌다.

아내인들 왜 곰곰이 생각지 않았겠는가.

집이라곤 하나같이 자신의 손만 기다리기에 쉽사리 입원할 상황도 아니고, 그렇다 하여 아픈 다리로 다닐 수도 없어 자꾸만 어떡하느냐며 묻는다. 앞이 캄캄하여 어떠한 결정도 내릴 수 없는 데 의사선생님이 통화를 원한다며 전화기를 바꿔준다. 사정을 모르시던 선생님은 생각할 게 뭐가 있느냐며 치료 외에 달리 방법이 없지 않으냐. 아파하는데 입원을 시키지 않고 깁스를 하지 않으려는지 모르겠다며 입원을 강요한다.

넘어졌다는 말을 피한 모양이다. 상태를 보면 꼭 스키를 타다 당한 부상과 흡사하다며 스키를 탔느냐고 묻는단다. 그랬으면 얼마나 좋겠나. 고관절까지 깁스를 하면 움직임이 불가능할 터. 가벼운 일은 딸이 도와줘도 범위를 벗어나면 조금씩 아내의 손이 필요한데 그러면 나에겐 24시간을 곁에 머물 간병인밖에 없어 협회에 문의했다.

24시간은 하루에 6만 원(지역마다 차별은 있겠지만)이지만 환자의 식사를 차려야 하므로 병원보다 오천 원을 더 요구하면서도 경추환자에게 투입될 전문 간병인이 부족하단다. 육신마저 어쩔 수 없어 거금을 들이면서까지 도움을 청하는 데도 마비환자란 특별취급대상이 애통하기만 하다.

간병인도 대개 오십 대 중반부터 예순을 넘어선 분들이 대부분이다. 게다가 환자를 간호하는 직업이라 피로누적이 심하다. 사람을 돌보는 그 고단함을 어찌 말을 다 하랴.

자신을 돌볼 나이에 남을 구완하다 보니 다소 힘겨움을 피하고자 노인전문병원에서 말벗이나 하고 산책이나 시켜 드리며 수월한 일을 찾으려 함은 인간이라면 누구나 품지만 환자를 가려선 안 된다. 예를 하나 들자면 경추 2~3번 손상으로 좌우 고개 돌림만 허용된 환자가 한 달여 병원에 입원하였다.

부인 혼자서 아이들 돌보며 병원 오가랴 일인삼역이 부쳐 간병인을 구했는데 그 사이에 다섯이 다녀갔다. 이유인즉슨 마비면 말이라도 못하길 바란 편한 심리적 기대에서다. 말을 하면 요구사항이 늘어 피곤하다며 들락날락 거린 그분들은 식물인간이 더 낫다고 판단한지도 모르겠다.

물 달라, 앉혀 달라, 바람 쐬 달라는 인간의 사소한 욕망마저 외면하면서 남의 살을 주무르는 일을 선택했는지.

마음에서 우러나오지 않고 이윤추구의 수단으로 여겼다면 속히 다른 직업으로 전환하길 간곡히 청한다. 시간만 채우겠다는 식으로 침대 밑 음료수에 눈독 들인 비양심적인 그대들 손에 하루하루 희망을 붙들려고 몸부림친 환자들의 내일이 짐 같은 존재로 전추될까봐 두렵다.

이리저리 간병인마저 손사래에 찬밥신센데 딸내미 도시락과 집안 청소. 눈으로 보면서 외면할 수 있느냐며 가정도우미 역할까지 맡기면 3만 원이 더 추가. 그럼 나란 존재가 하루를 영위하려면 9만 원이 필요하다. 한 달이면 270만 원에 생활비를 보태면 대략 400만 원을 웃돈다. 고작 한 달 수입이라곤 국민연금 38만 원이 전분데. 어머님까지….

사실 흔쾌히 올 간병인도 없을 뿐더러 사정을 듣고선 "아이고" 외에 긴 침묵만 케이블을 오간다. 누굴 탓하랴! 내 눈에도 봄날 황사같이 막막하기만 한데. 400만 원을 흔전만전할 형편도, 깁스도, 입원도 못한 채 간단한 무릎보호대를 착용하여 물리치료를 받기로 했다.

깁스해도 후유증이 남는데 왜 고집을 피우는지 모르겠다며 알아서 물리치료라도 열심히 받고 되도록 보호대를 풀지 말란다. 저녁이면 더운물로 마사지를 해주는 딸. 한 번이라도 손을 들어주려 하지만 연례행사는 피할 수 없어 학교를 마칠 때쯤 시작하여 손을 번다. 상반신은 아내가 하반신은 딸이 고무줄처럼 늘어뜨려 다시 오므리는 식으로.

지인들은 하나같이 조심하지 않고 어쩌다가 다쳤느냐며 '그 집은 새댁이 다치면 큰일 난다며.' 무한한 관심을 쏟아주었고 꾸준히 물리치료와 한의원을 병행하여 차츰 차도가 난지도 모르겠다.

힘겨운 다리를 끌며 어려운 난국을 견뎌주었고, 하교하면 곧장 달려왔기에 조금씩 안정을 되찾았으나 깁스를 하지 않아서인지 자주 후유증에 시달린다.

의사나 주위 분들은 대단하다며 거품을 문다. 끊어질 듯한 아픔을 병원 신세도 지지 않고 버텼느냐며.

언제쯤 푹 한번 쉬어 보겠냐며 마른 단내를 뱉는다.

보험이 적용되어 병원비도 걱정 없기에 한 달 아니 단 며칠만이라도 편히 쉬어봤으면 좋겠단다. 사실 친정에 가도 항시 함께 가고, 자고 올 때면 고작 2박 3일이 제일 길고, 잠자리에서도 방향을 돌려주어야 하니 당연하다.

한번은 장인어른 임종 때 일이다.

처제로부터 급히 부음을 받고 분주한 상갓집에 별 도움이 되지 않을 것 같아 혼자 떠났다. 빈자리를 부모님께서 대신해주기로 하며.

도착했어도 밥 먹었느냐, 옆으로 돌아누웠느냐, 소변은 어떻게 했느냐. 온갖 걱정에 전화기에서 열이 나도 장인의 빈소를 동서들에게 맡겨 놓은 마음이 천근만근이다.

몇 해를 요령과 눈치로 손발을 맞추다 부모님의 손을 빌리자니 이불에 소변을 지리기 예사였고, 기력이 쇠하여 시트조차 둘둘 말아 밀쳐낼 때 이 몸뚱어리가 왜 이다지도 원망스러운지. 밥을 떠먹여 주시고, 엉덩이가 아프면 옆으로 돌아누움이 하루해를 기울게 하는 방법이었다. 그나마 아내는 세안도 가능했고, 휠체어를 굴리며 컴퓨터 앞에도 가보지만 역할분담이 안 되니 종일 천장에 답답함만 그린다.

이틀을 꼬박 누웠다가 부모님에게 의지해 휠체어에 앉아 보기로 했다. 팔순이 넘으신 아버님은 야금야금 침대 밖으로 끌어당기며 연신 하소연을 하신다.

"십 년만 젊었어도 한번 업어 보겠다."며 아픈 다리로 간신히 휠체어에 안치려던 순간 "쿵" 소리 외에 등 뒤에서 일어난 상황이라 휘둥그레 눈동자가 커진 딸과 우왕좌왕 어찌할 줄을 모르던 어머님.

하체는 침대 위에 가지런히 놓여 있었고 상체는 벌써 쓰러진 아버님 가슴 위에 반드시 누워 있었다. 어린 딸과 어머니로선 청천벽력이라 막무가내로 인근에 계신 삼촌 댁으로 달려갔고, 칠순이 넘으신 삼촌과 팔순에 다다른 어머님께서 틀니가 뭉개지도록 이를 악물어 위기를 모면했다.

부모님의 힘을 빌려 앉아보려다 형색도 갖추지 못한 채 30분 전과 다름없이 침대 위를 지킨 내 자리. 늙으면 아무짝에도 쓸데없다며 당신의 아픔은 안중에도 없이 거실로 나가시어 한참을 소리 죽여 우셨다. 지루하더라도 참았으면. 괜히 아버님을 힘들게 해드린 것 같아 죄송함이 눈가를 적신다.

일제강점기 일본인과 씨름하다 다친 무릎에 조금 전 넘어져 타박상 입은 허리와 엉덩이. 파스를 붙여도 신음은 잦아들 줄을 몰랐고 그날 이후로 누워 있는 일이 길어지셨다.

공원묘지에 장인어른을 모셔두고 삼 일을 꼼짝없이 누운 신랑과 시아버지가 걱정되어 장지에서 부리나케 내려왔다. 부랴부랴 아버님의 건강과 이틀을 꾀죄죄한 인간을 탈바꿈시켜 처가로 향했다. 정말 삼 일은 많은 걸 돌아보게 했다. 당연한 듯 손발이 되어준 아내의 자리가 얼마나 큰지 새삼 다시 깨달았다.

그러니 그 비운 공간의 삶을 어찌 생각하겠는가. 바로 괴로움의 행로라 여행 한 번, 처가에 한번, 수월하게 배려할 수 없었다. 자고 와야 할 때면 꼭 같이 가고, 그렇지 않으면 아무리 늦은 시각이라도 차 머리를 돌린다.

이렇다 보니 다쳐도 입원은커녕 힘들어 지쳐도 대신해 줄 수 없어 항상 몸은 통곡한다. 처가에서도 동서나 처남들이 도와주지만, 간혹 장모님과 처제들 앞에서 덩치 작은 아내에게 도움을 받을 땐 등에 가시가 박힌 듯하다. 금이야 옥이야 키운 딸자식 고생시키는 것 같아 주춤거리면 괜찮다며 처음부터 그런 것도 아니고, 타인의 실수로 그런 건데 어떠냐며 당당하길 권하지만, 남들도 애처로워 혀를 차는데 장모님인들 더하지 않겠나. 당신 속으로 낳은 자식이 애쓰는 걸 보면 어느 부모가 애련하지 않으리.

욕실에서 넘어졌다면 안쓰러워하실 것 같아 운동하다 다쳤다며 얼버무렸다. 자기 몸 하나 간수 못 한다며 꾸중하시는 장모님, 옆에서 웃으며 운동 보내지 말라는 처제, 하체가 원래 부실하다며 애드리브로 덮어버리는 아내에 모른척하는 딸, 뒤에서 어정쩡한 미소로 먼 산만 바라보는 나. 우리만의 비밀을 끝까지 숨겼으면 좋을 것을 토설하니 홀가분해도 뒤늦게 알게 된 장모님에게 송구할 따름이다.

강산이 두 번 바뀐 세월 동안 보호자로 살아온 나날이 고단한지 요즘은 힘에 부친다는 소릴 자주 듣는다. 공자가 일러 말하길 "등에 무거운 짐을 지고 먼 길을 가는 것이 인생이다."라 했다. 무거운 사랑을 실천하는 아내에겐 그럼 그것이 참 인생인가. 웃자고 하는 이야기지만 인생은 자신에게 주어진 대로 가는 것이 최고의 행복에 이르는 길임을 안다. 이 삶이 언제 막을 내릴지 한 해 두 해 갈수록 더 걱정이고 한 살 두 살 먹는 나이가 내일을 내다보게 한다. 정말로 살아있음이 여러 사람 피를 말릴 줄이야!

인간으로 태어나 무수한 풍파에 시달린다. 신은 이겨 낼 만큼만 시련을 준다지만 가족까지 자유를 침해해 버린 세상이 뭐가 달갑겠는가. 답답한 심정에 저승은 이승보다 낫지 않을까. 훨훨 날아다니며 폐를 끼치지 않아도 될 성싶어 종종 생각에 빠진다. 복제하든 다시 태어나든 건강한 육신으로 다시 한 번 새로운 생을 펼쳐봤으면.

요즘 말도 많고 탈도 많은 줄기세포에 희망을 건다. 배아줄기세포든 성체줄기세포든. 연구의 초기 단계라 완전함을 기대할 순 없으나 손가락이나마 자유를 얻었으면 하고.

먼 훗날 난치병으로 외로움과 소통하며 눈물과 통회 속에 미완의 삶이 생기지 않기를 바라고, 가족에게 짐 같은 존재보다 당당한 인격체로 거듭날 날이 꼭 오기를 기대해본다.

마음으로 걷는 길

나도 나를 모르겠다.
잠 못 이루는 밤 외로운 방에 갇힌 어둠의 포로가 되어 지나온 길을 회상하면서
넋 놓은 몽유병환자처럼 창가에 비친 자신에게 자문을 던진다.
어쩌다가 여기까지 왔는지 나도 나를 모를 때가 종종 있기에.

나도 나를 모른다

나도 나를 모르겠다.

잠 못 이루는 밤 외로운 방에 갇힌 어둠의 포로가 되어 지나온 길을 회상하면서 넋 놓은 몽유병환자처럼 창가에 비친 자신에게 자문을 던진다. 어쩌다가 여기까지 왔는지 나도 나를 모를 때가 종종 있기에.

지금 컴퓨터 자판에다 미간을 일그러뜨리는 전혀 또 다른 나를 엿보기 때문이다. 성치 않은 팔에 보조기를 끼워 원고지에 꽃을 피우는 수필가가 될지 상상 밖의 일이었다. 책과는 일말의 사교성이라곤 존재하지 않았다. 아니 잠을 청하는 수면제 대용품이나 삐딱해진 책상다리를 고이는 깔판, 화장실에서 요긴하게 한 장 한 장 풀어헤쳤을 뿐이다. 그런 횅한 백지 같은 인생이 수필부문 신인상을 받아 등단하였고, 수필집 《나의 인생 아내 손에》를 출간하며 문학회에서 영역을 넓히는 문인이 되었는지 나 자신도 신기하지만, 작가가 되기까지 커다란 계기가 있었다.

사고 후 모든 일상이 전혀 별개로 느껴졌다. 마비가 온몸을 칭칭 옭아맨 육신을 다독일 용기가 없어 돌아가고 피하기만 했던 나날은 오르지 못할 나무와 다르지 않았다.

인생을 송두리째 잃어버렸는데 뭐가 아쉬워 주워 모으려 할까.

심장을 내놓아도 지푸라기는 잡고 싶지 않았다. 눈앞에 보자기가 물을 머금은 채 수면으로 가라앉아도 그걸 움켜쥐고 다시 나와야 하는지 자연으로 돌아가게 버려둬야 하는지 욕망은커녕 식어버린 한탄뿐이었다.

물에 빠져 표착하다 겨우 가장자리로 밀려왔는데 또다시 물속으로 들어가긴 싫었다. 기도를 압박하는 중압감에 잠시 혼미함을 경험했어도 그나마 가족이란 산소와 가정이란 구명 장비가 있는데 다시 심장박동을 가하지 않으리오.

이를 악물며 주문을 외웠다. 이게 내 삶이라면 그 삶이 비록 타인과 정반대일지언정 초라하게 만들지 말자며 글을 쓰기 시작했다. 글짓기에 대한 상식은 땅 짚고 헤엄칠 수도 없을 만큼 얕으면서.

어디서 시작하여 어떻게 마무리를 짓고, 어떤 소절에서 눈물을 적시며 어디쯤에서 불끈 웃음을 가할까. 초등학생 백일장도 아니고 서랍에 꼭꼭 묻어둔 혼자만의 일기장도 아닌데 의욕만 강했지 지식이라곤 저잣거리에 얼요기한 잔치국수 같아 파장의 스위치를 뽑아버렸다.

작대기라도 짚고 일어서야겠다던 굳은 욕망이 무한정 침묵 속에서 잠을 잘 무렵 2001년 TV 프로그램 느낌표 '책을 읽읍시다.' 코너에서 일주일에 한 권씩 선정도서를 발표했다. 처음으로 발표된 도서가 김중미 작가의 《괭

이부리말 아이들》이다. 딸이 그 책을 너저분할 때까지 끼고 다니는 걸 곁눈질로 여러 번 보았다. 몹시 감동적인 표정으로.

"얌전히 앉아 독서를 해야 쏙쏙 들어오지 여기저기 들고 다니면 머리에 들어오나."

"아빠 눈물이 나서 못 보겠다"며 애처로운 표정이 영락없는 12살 소녀였다. 뭐가 슬퍼서 눈물까지 훔칠까. 책이라곤 전혀 친분이 없던 아빠는 감동과 느낌조차 교류하지 못할 바위같이 단단한 감수성의 소유자였다.

"펄프 더미가 뭐야."

"그건 왜?"

"응. 아빠가 사고로 펄프 더미에 깔려 죽었대."

"뭔데?"

"응. 펄프 더미란 쉽게 말해서 종이를 두루마리 화장지처럼 말아 놓은 건데 한 장은 가벼워도 수없이 말아놓으면 쇳덩이와 버금가기에 안전에 유의하지 않으면 사고와 직결되지."

"위험한 일을 기계로 해야지 사람이 어떡해. 이제 남겨진 가족들은 어떡하노."

"야! 임마. 네 걱정이나 해라. 소설은 그냥 소설일 뿐이다."

주제를 앞에 놓고 주거니 받거니 합평을 하면서 딸의 입으로 쏟아져 나온 내용을 주워 먹으며 한 권의 책을 간접 경험한 빈약한 독자에게 예리함을 늦추지 않았다.

"아빠도 읽어봐. 얼마나 재밌는데, 남의 줄거리만 빼어가지 말고."

"됐네요. 안 읽어도 다 압니다. 작가에게 그렇게 쓰라고 주문을 했거든요."

"어휴 거짓말도 참 잘하셔."

"이젠 《봉순이 언니》를 읽어야지."

말끝이 흐려지기 무섭게 《아홉 살 인생》, 《모랫말 아이들》이 책꽂이에서 키 높이를 맞출 때에도 간간이 질문은 날아왔고 감탄사는 허공에 뭉게구름처럼 엉겼다.

"그게 그렇게 재미있나?"

"소설책은 틈틈이 읽고 교과서도 좀 봐라."

서점은 학창시절 참고서나 대중가요 구매를 목적으로 드나들 일 외에 일부러 시간과 자본을 낭비하면서까지 들를 일은 없었다. 무엇부터 봐야 하고 무엇부터 골라야 하는지, 어느 코너를 가야 하는지, 처음 접한 분위기에 반겨주는 잉크냄새가 썩 향기롭지만은 않았다.

"대충 볼 것 다 골랐으면 후딱 나가자. 눈도 따갑고 머리가 띵하다."

천천히 돌아보며 내용을 파악하는 게 서점의 묘미인데 도회지에서 방향감각을 잃어버린 듯 허둥거리는데 독서의 문화를 알겠는가.

이런 무지막지가 아빠라니.

자신은 읽기 귀찮아 싫어하면서 많이 봐야 공부도 잘하고 훌륭한 사람이 될 것처럼 사탕 발린 수식어로 위신을 세우려 한 게 아니냐. 진리와 길이 있다면서 서문도 접하기 전에 마지막 페이지를 확인하고, 그림이 많은지 글자가 큰지 온갖 궁색한 투정과 핑계로 덧칠하던 이가 삼일에 한 권을 해

치우는 딸에게 모범이 될 만한 본보기일까.

거창하게 언변만 늘어놓지 말고 모범적인 행동을 하자. 알지 못했든 또 다른 세상이 있다니 직접경험은 아닐지언정 눈도장이라도 찍어보자. 빈약한 양식으로 삼라만상을 안다고 논할 수 있으랴.

조용할 때 조금씩이라도 친해지자. 초반부터 관심분야에서 벗어나면 주특기인 책장 덮기와 눈꺼풀 처짐의 생리적 현상에 맞닥뜨리기에 쉽고 얇은 것부터 다가가자며 《괭이부리말 아이들》부터 매만졌다.

눈동자가 첩첩산중 고갯마루를 넘듯 앞으로 갔다가 뒤로 갔다가 힘겹게 두서너 장 읽으면 벌써 손은 끝장에서 맴돌았다. 그 딴에 성격도 급한데 발싸심이 성큼성큼 기어 올라와 덮어버렸다. 계속하다간 또다시 작심삼일에 항복한 끈기 없는 아빠로 낙인찍히게 될 터. 침착해지고 줄거리가 아른거릴 때까지 기다렸다가 길게도 말고 다만 석 장만이라도 굳게 다잡았다.

촛대바위와 같이 우뚝 선 각오로 검지에 침을 발랐기에 서서히 뇌와 가슴에 파문이 일었고, 어느덧 얇았던 앞이 뒤가 얇아지면서 결론이 밝은 표정으로 얼굴을 내미는 게 아닌가.

'아! 이래서 읽는구나.'

비록 한 권의 책이 포근하게 감쌀 때까지 열흘이 걸렸어도 하지 않았다면 새로운 사실도 몰랐을 것이요. 또 다른 삶도 쭉정이처럼 먼지를 둘러쓴 채 누렇게 뜬 폐지의 길을 걸었을 것이다.

시간은 상관없다. 하겠다는 각오가 중요할 뿐이다.

"딸! 대박이더라. 아빠 어렸을 때도 다들 힘들게 살았는데."

괭이부리말은 인천 만석동 달동네의 별칭이다. 가난한 달동네 그들의 삶과 경제성장의 뒤안길로 밀려난 힘없는 사람들의 이야기를 가슴 저리게 펴낸 내용이었다.

의미심장하게 목젖을 세우며 '또 다른 책 없나.'

하나둘씩 나의 것으로 만들어갔다.

《봉순이 언니》, 《아홉 살 인생》이 모두 이유 여하를 막론하고 간결하게 머리에 스몄기에 무릎 위 새침한 쟁반에는 잉크냄새 폴폴 날리는 따끈따끈한 누군가의 이야기가 줄을 섰다.

가족이 외출하는 시간에도 아내의 가방에는 책 한 권이 화장품처럼 환하게 웃는다. 마트를 가든 온천을 가든 늘 끄트머리엔 결국 홀로 차 안에 남겨져 투명한 햇살과 대화하며 세상사 희로애락을 엿본다. 공허와 적막이 침투하여 지난날의 고통과 후회에서 차단막도 쳐주고 미래 어떠한 생을 설계할지 짧게나마 메신저 역할을 해주었다.

온천에서의 두 시간은 구속도 간섭도 받지 않으니 얼마나 좋은지 모른다. 그 시간만큼은 누구에게도 양보할 수 없어 일부러라도 따라나선다.

책과 사랑을 나누는 둘만의 속삭임.

표지에서 줄거리가 불쑥 튀어나와 저 먼저 달려갈 때도 태반이다. 어떤 이는 화장실에서 무념무상이라지만 몇 해를 두문불출하다 보니 펑 뚫린 공간이야말로 망망대해 수평선 위를 헤엄치듯 좁아진 폐활량 깊숙이 청량함을 밀어 넣는다.

많은 양보다 되도록 천천히 읽으려 한다. 읽지도 않은 것 장식품처럼 모셔두고 인격이 넘친 양 과시하기 위한 수단은 아니 된다. 백만 권이 아닌 단 한 권을 읽더라도 필자가 전하고자 하는 부분에선 최대한 공감대를 나누려 한다.

슬픔 앞에선 손수건을 끄집어내고 기쁨 앞에선 박장대소해야 책이 인간에게 전하는 표현이 아닐까. 속독하면 풍부한 양은 가져갈지 모르나 '내려갈 때 보았네! 올라갈 때 못 본 꽃' 의 고은 시인마냥 놓쳐버린 부분들로 하여 잔물결은 일기 어렵다. 정독으로 울림을 경험해야만 만 원짜리 한 권에서 몇 배의 값어치를 속출한 득이 아니고 무엇이랴.

한 권이 보름이고 두 권이 달포이던 게 이제 사나흘에 한 권을 책꽂이에 꽂는다. 사람이 붐비거나 시끄러운 대형서점에서의 여유로운 쇼핑보다 인터넷서점이 제격이다. 차분히 접할 수 있어 더없이 편리하지만 다소 내용을 면밀히 검토할 수 없어 구매를 원망했던 적도 있고, 난해한 장르로 중도에 포기한 적도 많아 중간 중간 훑어보지 못함이 아쉬운 부분으로 남는다.

주로 한 달분이면 적게 구매해도 예닐곱 권이다. 좋아서 하지만 수입이 마뜩잖은 가정에선 매달 적은 금액이 아니다. 생활비에서 6~7만 원이 빠져나가도 눈살 찌푸리기보다 월말이면 이번 달은 택배가 안 오네! 주문하지 않았느냐며 등을 다독인다.

카드명세표를 보기가 민망한데도 되레 미안할 정도로 돈을 이끼지 말라는 뽀송뽀송한 말에 쇼핑이 빨라진다. 수북이 쌓인 책처럼 양식도 차곡차곡 다져질 사이 어린이 도서, 성인 도서 할 것 없이 느낌표 선정도서가 머릿속 서재에 차곡차곡 나열되었다. 그러던 중에 새로운 사실도 알았다. 열다섯 번째 선정도서《마당 깊은 집》에서 진영장터를 잠시 언급했다.

진영은 부산에서 엎어지면 코 닿을 곳이지만 별다른 구경거리가 없는데도 문학 기행을 다녀가는 문우들이 많다. 어린 시절을 기억하며 허름한 참기름 집과 잔잔한 술집들이 작품무대가 되었던 진영 평야를 한눈에 볼 수 있는 곳이 야트막한 산 선달 바위다.

저마다 저잣거리의 추억이 아른거리지 않는 이 누가 있을까. 산 입에 거미줄 치는 춘궁기에 장터는 굶주림과 넉넉함이 엉킨 마당이었다. 고향을 두고 대구로 올라가 신문 배달로 유년기를 보낸 김원일 작가의 고향이 이 몸이 태어나 사십여 년을 사는 곳이다. 우리의 민족성에 고향이 내포한 힘은 상당히 강하다. 권태롭거나 생활의 균형이 깨지면 어김없이 발길은 고향 어귀를 달려가 동심이 싹을 틔웠던 향수에 젖는다. 그것이 고향이 다려준 불로초가 아니겠는가.

진영 금병공원에 고향을 빛낸 인물로 김원일 작가의 문학비碑가 꿈을 머금은 유소년 백일장을 훑어보며 어깨를 토닥인다. 일제강점기부터 진영은 한결같이 단감의 고장이었다. 그곳에서 현재 말만 하면 알 만한 작가에 한 분의 대통령과 두 분의 영부인을 배출한 자랑스러운 고장으로 긍지와 자부심이 강하다. 훗날 또 다른 누군가가 저 작디작은 공원에 이름 석 자를 등과시킬까.

무언의 비碑를 바라보며 겨우 책 몇 편과 면을 튼 자의 포부라 할까. 추후 베스트셀러를 편찬한 현자가 우상일망정 상식의 고갈을 막자. 비록 모래성 같은 각오일지언정 몇 년 안에 손수 집필하여 발간해 볼 테다. 문예창작도 국문학도 모르지만, 인내가 밑바탕에 깔린다면 하늘에 별도 딸 수 있으리라.

그 간절함을 성취하려면 지금으로선 다독의 길뿐이다. 요즘은 얼핏 책벌레가 된 듯한 기분에 사로잡혀도 계속 주문을 외우며 몇 년 후를 손꼽는다.

어느 작가가 그랬다.

백 권을 읽다 보면 한 권을 쓸 양식이 생긴다고. 이제 짧은 게 시詩고 긴 게 소설임을 인지한 유치원생 수준이 너무 당찬 건 아닌지. 무릎 시린 뼈저림을 맛보며 가벼웠던 심중에 쓴 소주나 들어붓지나 않을지. 급할 게 없으나 왠지 선명한 빛이 어두침침했던 나날에 환히 비추는 기운은 감지한다.

해보자. 처음부터 완벽할 수야 있나. 상상력이 인도하면 손은 그쪽으로 따라가면 된다며 보조기가 가는 대로 자판을 매만졌다. 아무도 모르게 오로지 변화된 아빠와 도움만 필요했던 자신이 싫어 자유가 허용된 일부분만으로 최대의 효과를 거두려 뭉친 어깨에 파스를 붙이며 전심력을 쏟았다.

온종일 모니터를 뚫어지라 쳐다본 눈은 첫새벽 기척 없이 몰래 다녀간 무서리처럼 온통 뿌옇다. 쉬이 그치면 좋으련만 안과 밖의 밝기 차이가 심하면 채 30분도 흰 바탕에 시선을 꽂지 못하고 녹음방초와 대화하며 멀뚱

멀뚱하게 아까운 시간을 날려 보낸다.

독서를 알기 전 아무런 증세가 없었던 1.5 시력을 달래야 몇 소절이라도 나아가기에 안경점을 찾았다.

"책만 보면 채 30분을 못 넘깁니다. 특히 가까운 곳이 더 어쭙잖네요."

"조절근의 신축이 불충분하거나 수정체가 평범하여 가까운 물체의 실상이 망막의 뒤에 생겨 그렇습니다."

"어려운 의학용어 말고 쉬운 말로 해주세요."

"노안이 와서 그렇습니다."

"노안이라."

순간 머릿속도 늙어버렸다. 벌써 노안이라니. 희뿌연 머리칼은 염색약으로 숨겨도 안경을 쓰지 않으면 못 볼 정도로 점점 노티를 풍겨야 하는가. 이럴 줄 알았으면 한 살이라도 젊었을 때 수북이 읽어둘 걸. 꼭 뭘 좀 하려면 꼬리를 문다.

복 없는 놈은 뒤로 자빠져도 코가 깨진다더니 나를 두고 하는 말일세. 서서히 변하면 될 것을 프라이팬에 콩 볶듯 순식간에 딴사람 짓을 하니 생긴 대로 놀라며 오만 가지가 태클을 건다.

옛말에 죽을 때가 되면 잘못을 뉘우치고 후회의 짐을 안고 가는 게 인간이라 했다. 새삼스레 안 하던 짓을 하는 걸 보면 뭔가 정리를 위한 행위가 아닌지 의구심마저 든다.

바른길로 가는 건 훗날 어떠한 결과에 닿아도 후회하지 않을 옳은 행동일 거라 여긴다. 물에 물 탄 듯 술에 술을 탄 듯 우유부단하면 속이 편할 걸. 꼭 티게 노는 것 같아도 목표에 도전함이야말로 인간이 가진 최소한의 사명이다.

띄어쓰기와 쉼표, 마침표도 뭔지 모르고 오로지 길면 좋은 줄 아는 무늬만 그럴싸한 안하무인 삼류 글쟁이. 세종대왕께서 혀를 차며 땅이 꺼지라 한숨을 내쉴 거다. 누군가가 날을 세운 뾰쪽한 펜촉으로 작가들 욕 먹이지 말라며 당장 때려치워라고 쓴소리를 해도 끝장을 볼 참이다.

글이라면 돌아앉아 한눈팔았는데 책에 손이 먼저 가다니.

생각과 감정을 삽입시키면 그게 꿈이고, 그걸 이룸으로써 얻은 지식이나 연륜이 곧 철학이지 별거 있나. 경험은 돈 주고도 살 수 없을 소중한 자료이자 기반이다.

백문百聞이 불여일견不如一見.

또렷하진 않은 옅은 이목이 원고지에 생동감을 틔우는 풋풋한 거름이다. 꼭 먹어봐야 맛과 향을 잘 전달하는 행동인 줄 알면서도 그러지 못하니 보는 것만으로도 만족한다. 김이 나면 뜨거운 줄 알지 굳이 손가락을 담그지 않아도 깨닫는 게 농익은 나이가 준 진리다.

차가운 물도 뜨거운 불 앞에선 냄비뚜껑을 들썩이며 악을 쓰고 끓는 물도 김을 뿜으며 차오른 화를 식힌다. 감미로운 향기도 짙으면 머리를 혼탁하게 할 뿐 아니라 장거리에선 꽃을 보며 향기를 짐작한다. 다가가 코를 실룩거리며 꼭 껴안지 않아도 말이다.

모든 방식을 총동원하여 한 줄 한 줄 채워갔다. 글에서 늦은 냄새가 풍기는 게 다른 글과의 차이점이다. 외발 타법이라 완행버스처럼 늦고 덜컹거리지만 스쳐버린 흐릿한 사연도 메모할 수 없어 온갖 상념들을 뇌리에 밀어 넣노라면 서론 본론 결론이 자리다툼으로 난리법석을 떤다.

간혹 침대에서 홀로 염불 아닌 염불을 외는가 보다. 지금 누구 왔느냐며 핀잔을 준다. 그땐 모노드라마 주인공처럼 시나리오를 만들어가는 중이다. 바로 메모지를 펴든지 녹음을 해놓으면 유용하게 쓰이련만 노트북이 아니면 기록할 게 없어 나사 풀린 정신병자 취급을 받더라도 차곡차곡 입으로 걸러 머리에 입력을 시킨다.

어느 유명 작곡가가 일상에서 얼핏 떠오른 참신한 착상을 휴대전화에 저장한다는 기발한 아이디어를 살짝 언사했다. 그래라도 할 수 있다면 좋으련만. 밑천 없는 몸으로 글과 투쟁하는 질긴 원천이 될 텐데.

팔꿈치가 벗겨지고 무릎이 까져도 끝까지 가 보련다. 비록 원고가 서류봉투에서 초라하게 탈색하더라도 크레바스에 빠진 사람이 설벽 끝에서 도움을 주지 못해 안달 난 동료를 이해시키는 인물이고 싶다.

절박함으로 생사의 귀로에 놓인 환자를 지켜보며 눈물의 간호 수기나 병상 일기가 아닌 가래에 숨이 멎어 입술이 파래지고 저혈압으로 실신하여 어떠한 상황도 기억조차 없는 창백한 얼굴에 남겨진 건 간질환자란 낙인이다.

생명과 삶을 기록한 희망의 메시지다. 이제는 흐릿함을 뛰어넘어 따끔거리며 시려온다. 두툼하고 못난 뿔테안경을 코에다 건 지 어언 몇 개월. 안구건조증이 미간에 주름을 후벼 판다. 겨우 한 시간도 지나지 않았는데 속눈썹은 처져 올라갈 기미를 보이질 않는다. 언제 사다 놓았는지 유통기한

이 지워진 안약에 실핏줄은 뽀로통하다.

피로할 땐 쉬어주는 게 기적의 명약이다. 눈만 감고 기다리는 것 또한 가슴이 터질 것 같아 모니터마저 어둡게 해보고 선글라스를 끼며 난리를 떤다.

뭔 짓거리를 하는지 모르겠다. 이것이 말로만 듣던 99%의 노력인가. 무릎에 바가지만 얹어놓으면 지나치던 행인이 안타까워 동전을 던져줄지, 혀를 찰지, 판단하기 쉽지 않은 아이러니 앵벌이 패션이다.

어떤 과정에 매료되면 마무리 전까지 밥상을 미루며 집념을 불사르는 걸 허다하게 보았다. 끝을 보려는 우직한 심성 때문에 생겨난 행동일 게다. 원고지에 연필을 사용하면 이런 고통은 사라지려나. 이것도 다 편리함이 준 현대병이다. 광과민성 체질이 전자파에 노출되어 나타난 부작용 말이다.

따끔거림이 도를 넘어서 다래끼가 말썽이다. 양쪽에 교대로 생기지 않으면 한쪽에 쌍으로 고약한 성질을 부린다. 가만히 내버려두어도 놀 만큼 놀고 나면 접을 텐데 꼭 가로막는 건 무슨 심보야. 목수가 개집 하나 지으려면 석 달 열흘 걸리고 게으른 인간이 연장 탓에 핑계를 부린다더니 연장 탓도 않고 게으르지도 않은데 왜 이럴까.

성한 곳이라곤 안면뿐인데 안대까지 해놓으니 그 몰골이야 말해서 뭣하리. 참말로 인간의 남루함과 망가짐의 끝이다. 한번 생기면 최소 열흘이라 약에 의존해보지만, 피로가 원인이라 눈꺼풀을 뒤집어 곪은 부위를 짜버리면 한결 가볍다. 눈두덩이가 남의 살을 붙여놓은 듯 거북하기 짝이 없는

데 시원함은 웬 말일까. 곪은 상처는 터트려야 아문다며 섬뜩한 눈알을 피해 이쑤시개나 바늘로 터트리면 몸서리를 친다.

아픔은 뒷문제고 간염의 위험성과 안구에 이상이 생길까 봐 한사코 거절해도 아픈 건 잠시고 부어서 불편한 건 오래기에 그 정도 위험과 고통은 감수하고 부라부랴 똥고집을 피운다.

등줄기에 맺힌 땀은 뒤 문제다. 자율반사 신경이 파르르 떨며 소름이 돋아도 하나도 안 아프다며 허울 좋은 거짓말로 소독한다. 그게 약보다 치료가 빨랐고 한쪽 눈으로 보는 거리조절의 상실감을 빨리 잊고 속히 전념하고 싶은 처방이자 마무리를 바라는 절실한 심정이었다. 끝까지 다가간다면 더한 고통도 피하지 않고 부딪혔을 것이다. 각오와 다부진 다짐이 A4용지를 메워간 옹골찬 열매가 되어 300쪽 불가사의를 이뤄냈다.

잠재된 유년과 경험을 토대로 늘어놓아 건조 중이다. 갖은 양념으로 고소하고 짭조름하게 오감을 충족시켜야 한다. 눈물과 유머러스를 삽입하여 베스트셀러를 만들어 보는 거다.

무식하면 용감하다 했던가. 가느다란 싸릿대 하나만 믿고 호랑이 굴로 뛰어든 격이었다. 하면 할수록 어려웠다. 파고들면 들수록 무한정이었다. 사실 처음 시작할 땐 큰 의미를 두지 않았다. 단순히 한번 해보자는 식이었던 계획이 점점 실현되면서 파국까지 치달았다. 이 순간에도 퇴고에 매이지만, 퇴고의 단어도 몰랐다. 그냥 정리가 딱 맞는 말이다. 고치고 돌아서면 손볼 게 나오고 주물러놓은 표현보다 더 적합한 표현이 떠오르면 서슴없이 가필했다.

하면 할수록 골머리 아픈 게 글쓰기라 원고지와 오래 씨름했던 작가들은 다들 머리가 백수인지 모르겠다. 남의 아픔까지 승화시켜야 하기 때문은 아닌지.

하루, 일주일 그리고 한 달을 수정해도 끝이 가물가물하다. 순간순간 작은 변화에 글이 휘청거리는 걸 보면 초보 글쟁이는 어디가 모르게 표가 난다. 앞뒤를 종횡무진했는지 페이지까지 기억할 판이라 당연히 내용은 말해서 뭣하리. 쉼 없이 다듬고 매만져 몇 군데 눈도장 찍어놓은 출판사에 투고했다.

작가라 하기도 부끄럽지만, 투고하면 웬만해선 책으로 출간되는 줄 알았다. 하루에도 출판사의 문고리를 잡고 늘어지는 원고가 줄을 서는지 미처 몰랐다. 연예인들이 광고할 목적으로 콤팩트디스크를 기획사나 엔터테인먼트로 보내도 포장도 뜯지 않은 채 휴지통으로 골인한다는 말은 들었어도 출판사마저 그럴 줄이야.

혹여 때나 묻을까 잃어버리지나 않을까 한 인간의 혼과도 같은 귀중한 원고를 차가운 책상 위에서 20여 일을 식게 내버려두다니. 밤낮없이 안약에 기대가며 150페이지 집념의 노고가 한 권의 책으로 탄생하느냐에 따라 결정된다. 채택되지 않으면 몇 년 아니 몇 개월에 걸린 시간과 땀은 휴짓조각에 불과하다.

어찌 150페이지에 담긴 희로애락을 2페이지 서언序言에 솎아베기하겠는가. 우는 데도 이유가 있고 눈물이 흐를 때까지 과정이 있거늘 하물며 웃음도 손짓 발짓 표정까지 구기며 온갖 행위를 총동원해야 싱긋이 웃을까 말까 한데 앞뒤 다 잘라먹고 짧은 시간에 울고 웃기라면 때리든지 간지럼을 태우든지 선택은 둘 중의 하나다.

쌓여가는 원고에 출판사에서도 그럴 수 있음을 이해 못함은 아니다. 일일이 한 장 한 장 검토해서 옥토를 가리겠나. 종이에 파묻혀 사는 사람들이라 잉크냄새만 맡아도 현기증을 일으킬 걸.

전쟁 아닌 전쟁을 치러도 그 책상에 올라와 순서를 기다리기까지 누군가와 기나긴 밤낮을 동고동락한 무한한 가치를 지니지 않았나. 다만 건성으로 후딱 훑지 말고 작가의 세심한 부분까지 헤아려줄 안광을 가져주었으면 해서 하는 말이다.

날로 손가락을 곱은 지 3주가 지났을 무렵 출판사로부터 고대하던 전화벨이 울렸다.

"여보세요 어느 출판사입니다."

맑고 또랑또랑한 서울내기 아가씨의 목소리에 심장이 멎을 듯 저혈압이 도졌다.

"와. 드디어 성공이다."

"만세"

"이제 서점에서도 날 알아보겠구나."

"기다려라."

"베스트셀러야 길을 비켜라."

잔뜩 고조된 기분은 벌써부터 사인 세례를 퍼부었다. 벨이 울리고 출판사라며 신분을 밝히기까지 그 짧은 몇 초 사이에 공중부양을 맛보는데 "원고를 보내줘서 감사합니다."란 흐릿한 말투가 긴장감을 압박해 온다.

검토해본 결과 자서전 수필은 자신의 출판사가 추구한 분야나 취지가 달라 다음에 좋은 원고가 있으면 다시 보내달라며 죄송하다는 말을 여운으로 남긴 채 짧은 통화를 마쳤다. 귀에 지남철처럼 붙어 있던 전화기를 놓으며 인물도 모르는 출판사가 뭘 하겠다고 간판을 내거느냐며 슬픈 목소리를 달랬다.

"괜찮아"

분야가 다르다는 걸 어쩌겠는가. 기다리다 보면 또 다른 곳에서 회심의 미소를 안겨줄 거야 섣불리 예단하지 말자. 그 후로 한 곳에서 더 전화가 왔고, 한 곳은 메일을 받았으나 모두 보류란 답변 외에 흡족한 소식은 날아오지 않았다. 이젠 용감했던 무모한 용기도 움츠러든다. 두드러지지 못할망정 실속도 없는 허접한 낙서였나. 은둔을 고집하던 약해진 불씨에 다시 기름을 붙든지 땔감을 얹어 화력을 높여야 꿈도 이루어지리라.

몰라준다고, 알아주지 않는다고 책망하거나 원고를 가문에 족보처럼 보자기로 동여매어 선반 위에 올려놓고 대대손손 물려줄 값진 가보도 아니다. 어둠 저편은 아름다움이라 통론해도 인정하지 않는 걸 무엇으로 탓하겠나.

나의 아름다움이 만인의 아름다움은 아니기에 좀 더 신랄하게 한 발치 앞에서 몸으로 느낀 그 감동을 불어넣자. 독자가 곧 주인공이 된 듯 호흡이 이완되는 부분들이 부족하지 않았나. 처음부터 또다시 세밀하게 쇠집었다.

자신감과 고집스러움 아니면 도전정신에 대한 불안감이라 할까. 끝없이 쓰고 지우는 수정을 거치며 점점 본색을 드러낸 물렁한 소재가 준 허탈감과 준비부족에서 온 비축되지 않은 과정에 얽매여 밤을 새울 때가 잦았다.

출판사에서 채택하지 않은 근본적인 이유가 분명 존재할 것이다. 창작의 문조차 두드려보지 않은 글은 어디가 달라도 다른 기본적인 원인이 뚜렷할 거라 여겼기에 그것을 빨리 파악하여 보충해야 했다.

진정 내가 출판사 관계자라면…. 견해를 뒤집어놓고 생각해봤다. 책이 장난인가. 출처가 뚜렷하지 않은 이야기가 입에서 입으로 전해져 끝이 흐리마리한 동네 어르신들의 민담인가. 하루에도 수없는 책이 독자에게 다가가기도 전에 프레스 칼날에 명을 달리하는데 거금을 드렸다 한들 사랑을 끌어낼까. 그 딴에 독서와 담쌓은 사람들이 즐비한데. 출판사도 양식을 팔아 먹고사는 비즈니스라 명리에 민감하다.

감동 위에 Oh! my god을 얹었다 한들 제목을 붙여주랴. 출간도 출간이지만 판매가 목적이다. 그래야 수익을 창출하고 그 수익으로 운영해나간다. 짧은 소견으로 글만 쓰면 알아줄 줄 알았으니 개념 없는 인간이 글을 주무르는데 누가 거기에 동조할까. 돌아보면 양심에 털이 나지 않고서야 철부지에게 군말 없이 대꾸해준 편집부에 감사할 따름이다.

맞다. 출간이 우선이 아니라 먼저 기본기를 갖추자. 유명작가의 원고는 서로 독점하려 계약금을 선급으로 제시하기도 하고, 귀찮게 따라다니며 성가시게 독촉한다. 그렇게는 아니더라도 펴놓은 원고만은 빛을 봐야 하지 않겠나. 유명 연예인도 아니고 재벌오너처럼 성공사례를 다룬 자서전도 아니다. 아무도 알아주지 않는 시골 필부일 뿐인데 뭘 건질 게 있어 관심을 기울이겠나.

내놓아도 지침이 될 게 없고 펴 봐도 모범적일 게 없을망정 불혹의 세간사를 다 실었다. 그러면 됐지 않는가. 장단점 가려가며 억척과 자아 성찰 외에 또 무엇을 바라는가. 부끄럽지가 않다.

등 뒤에서 비웃어도 자신의 능력에서 혼신을 다했기에 뿌듯함이 밀려온다. 대필작가가 자료를 모아 체계적으로 정리하여 편찬한 반쪽짜리가 아니기 때문이다. 하물며 필자와 일주일만 대화를 나누면 자서전 한 권이 뚝딱이다. 아니 그보다 더한 벼락치기도 있다. 2박 3일 동고동락하면 탄생한다니 입이 다물어지지 않는다.

정녕 필자의 정서나 감정의 기복을 제대로 표현할지 의문이다. 대신 남의 공을 자신의 공인 양 생색내기에 급급한 상술적 전략은 아닌지. 유명세가 활화산처럼 타오를 때 등에 업힌 인기만 믿고 한 행동이 아닐까 싶다가도 철면피같이 그럴싸하게 출판기념회에 사인 공세를 갈긴다. 과연 그 사람이 책을 쓴 필자인지 광고를 목적으로 한 연예인인지 모를 일이다.

모름지기 필자라면 대중들에게 자신의 영혼 같은 서적을 어딘가 모르게 기쁨이 준 감격인지 시원섭섭에서 온 아쉬움인지 잘 간직해 달라며 혜존惠存' 이란 말을 남기지 지렁이 기어가듯 카드명세서에 본인 확인처럼 남발하지 않을 테다.

보통 타인에게 책을 드릴 때 혜존이라는 단어를 흔히 사용하는 경우가 있는데 이것도 잘못된 것이다. 국어사전에는 '받아 간직하여 주십시오의

뜻으로, 자기의 저서나 작품 따위를 남에게 줄 때에 상대방의 이름 옆이나 아래에 덧붙여 쓰는 말' 이라고 돼 있지만 원래는 정반대의 뜻이 잘못 사용되고 있는 것이다. 예전에 선비들이 서로 문집을 주고받을 때 책을 받은 사람이 겉표지에 문집 이름을 적고 속표지에는 누구에게서 언제 받았는지를 적은 다음 책을 주신 분 이름 끝에다 '은혜롭게 주시기에(惠) 잘 보존(存)하겠다' 는 뜻인 '혜존' 이라는 말을 적어 고마움을 나타내던 것이었다. 그러던 것이 20세기에 이르러 나라를 일본에 강제로 빼앗긴 후 우리말이 일본 말의 영향을 받아 "이 책을 드리오니 잘 보존해주시면 고맙겠다."는 일본식 '혜존' 의 의미를 따르게 되었다. 이치로 따져 봐도 자기가 쓴 책을 잘 보존해달라는 말보다 읽어보고 바르게 이끌어 달라는 '지정' 이나 잘 가르쳐달라며 '지교' 를 사용하는 게 올바른 표현법이다.

사실 돈으로서 자신의 대의명분을 내세운 사람도 널렸지만 연필을 깎으며 취득하는 사람도 있다. 그 가치 또한 독자들이 판단할 재량에 맡긴다. 혹 내용에 고뇌가 묻었다면 그 책은 값이 아깝지 않다. 그런 수필집을 만들어 소장해봄이 꿈이었기에 한 손엔 망치를 들고 다른 한 손엔 정을 들었다.

못난 원석을 내려쫓는 노력도 혼자선 한계가 있었다. 동기부여도 없을뿐더러 원고와 감정이 일치하여 매끄럽지 않음이 크나큰 숙제였다. 훈수 두는 사람이 장기 두는 사람보다 판이 한눈에 들어오는 이유도 그것이다. 수법과 기술에만 치우치다 보면 상대방의 묘책과 술수를 꿰뚫지 못한다.

비록 과거로 돌아간 기억을 빌려 와 데워 놓았더라도 좀 더 냉정해질 필요에 가까운 곳에 향토시인이 계시다는 걸 알았고, 서도회원인 아내와 몇몇 주부들이 선생님에게 시詩를 배움으로써 창작활동도 한층 성장하기 시작했다.

선생님은 시인이시며 서각과 옹기공예 그리고 보릿대 공예에 조예가 깊으신 분이다. 작품공간이 천수답을 개간한 단감과수원이라 차량 바퀴를 용납하지 않는 험하디험한 길. 솔방울이 토닥거리고 황토가 살갗을 드러낸 산속 비탈길을 퇴근 후 어둠을 가르며 오르다 보면 멀리서 산신령처럼 우렁차게 반겨주기도 하고, 손전등을 들고 마중을 나오거나 모닥불을 지펴 오싹함을 털어내 주기도 한다.

"선생님."

"어서 오이라"며 고희가 눈앞인 봉발의 노인.

조립식 패널로 얼기설기 가려놓은 움막. 비만 오면 가득한 책들을 비닐로 덮는 게 대수지만 작품 다수가 곰팡이가 핀 걸 보면 쾌적한 환경조건이 부럽기 그지없다.

쥐가 들락거리고 입김이 실내를 데우는 곳이 뭐가 좋아 고생을 할까. 며느리 시중에 손주들 재롱에 시간 가는 줄 모르실 텐데 고적한 생활을 자청하며 먹을 갈고 붓을 들까.

"독립군 진지를 방불케 한 곳에 기거하시면 외롭지 않으세요."

"외루운 게 어데 있노, 원고지에 알을 까다 보모 하루가 후딱인데."

호탕한 웃음과 걸걸한 사투리와 텁텁한 욕설이 자연인임을 넌지시 시사한다. 무릉도원이 부럽지 않은 곳도 직립보행이 허락된 자에게만 질경이가 반기니 일주일에 한편씩 써놓은 수필을 아내가 어둠을 묻히며 검사를 받아온다.

글이라는 건 지름길로 가는 것보다 오솔길로 돌아가라는 문제의 해답을 찾으려 골머리를 싸맨다. 정답이 없어도 근사치에 가까운 답을 주시면 좋으련만 달리 표현할 메타포가 있을 거라며 물음표만 내미시던 선생님을 일 년여를 알현하지 못했다.

정병산 566m 3부 능선. 자그마한 산사 초입에서 항상 발길을 돌리며 아쉬운 시간이 길어질 때 읍사무소에 민원을 제기하여 열악한 길도 협소한 개울 다리도 차츰 등산로 입구까지 포장이 허락되었다.

드문드문 눈비가 내리면 발이 묶이는 반쪽자리 길이라도 예전에 비하면 지금은 신작로와 다름없다. 이렇게까지도 물심양면으로 신경을 써준 문우들의 관심과 배려가 컸다.

도시에 찌든 때를 벗어버리고 싶을 땐 언제든지 갈 곳이 있다는 게 좋다. 전국 문인들의 발걸음 소리에 장끼마저 낮잠을 접는 곳. 초면에 서먹함을 떨치려 따뜻한 커피 한잔도 '위하여' 로 말문을 튼다.

차츰 흰 구름도 낙월 정亭에 걸터앉아 긴 세월의 고단함을 한숨으로 내비칠 때 어느덧 《문학세계》에 등단하면서 한 걸음 한 걸음 내디딘 문학의 길. 문학회를 창립하여 《문학세계》 《시세계》 《신문예》 《현대문예》 《문예비전》 《한국문인》 《아시아서석문학》 《문학춘추》에 꾸준히 기고하면서 예전 무턱대고 용감하던 자신이 괜스레 쑥스러워진다. 하면 할수록 쓰면 쓸수록 독설과 질타가 난무하는 것 같아 자꾸 조심스러움이 앞을 가린다. 독자의 취향과 시대의 사고를 반영해야 하니 부채를 들지 않았을 뿐이지 부채도사가 따로 없다.

간혹 돈을 잃으면 조금 잃고 건강을 잃으면 모든 걸 다 잃는다지만 육신이 건강을 놓으면서 문학을 얻었다. 생면부지의 문인들과 지금도 끈끈한 맥을 이어간다.

남들은 묻는다.

"예전부터 글쓰기에 소질이 있었냐"고.

그 질문에 검은 머리 난 동물은 훗날을 모르듯 '나도 나를 모른다.' 하지 않았나. 아마 열 달을 배 아파 사십 해를 수족같이 보살피던 부모님은 머나면 천상에서 참 알다가도 모를 일일세 저럴 줄 알았으면 친구들과 펄럭거릴 때 가두려 하지 않아도 됐을 것을.

물불도 못 가리고 잔뜩 속에 바람만 차서 쇠도 씹어 먹을 것 같더니 누가 이래 될 줄 알았나. 참말로 물건은 물건이지 하시며 헛웃음을 치실 거라 외인다.

친구들도 혹시 집에서 뭔 해찰을 지는지 궁금증이 증폭한다.

"글 쓴다. 저술을 방해하지 마라."

"저술?"

"처음 듣는 술인데, 새로 나온 술이냐. 순하나 독하나?"

"무식으로 도배를 한 놈."

"이 형님께서 글을 쓴단 말이다."

"살짝 맛이 갔나, 베란다에서 햇빛을 쐬더니 더위 먹었나!"

"더위 먹었다."

평상시 전혀 예상지도 못한 언변에 의아한 표정 반 설마 한 눈치 반이다.

"진짜로 말해봐라. 뭐하는데."

"무슨 건더기로 글을 쓴단 말이고."

"그냥 말지."

소설책이나 하물며 무협지라도 끼고 다녔다면 저런 바람 빠지는 소리는 듣질 않을 텐데 워낙 38선 철조망이었기에 삐죽 나온 입에서 악담이 응고되는 건 당연한 자연스러움이다.

"지켜봐라. 다음에 사인 하나 해줄게."

"예 예. 좋을 대로 하이소. 혹시 베스트셀러 되면 모른 체 혼자 입 닦지 마라."

"걱정 붙들어 매소. 막걸리 한턱낼 게. 베스트셀러는 어찌 아노."

"너나 나나 피장파장이"

아무도 관심 없는 하늘 아래서 희미한 안개처럼 탈바꿈하며 혼자만의 빈 가슴을 채워주던 가녀린 원고를 펴놓을 때가 다가왔다. 비밀스러운 곳에 숨겨두었는데 누구나 봄 직한 눈높이에서 세상을 보게 할 테다.

2년 전 원고만 기고하면 탄생할 거란 무모한 원석에서 벗어나 옥을 만들어 반석에 올려놓아도 여전히 판매에 치중되어 명을 잇는 출판사는 인기스타와 유명작가에 끌려 다녔다. 비좁은 틈새시장을 노릴 만큼 신인작가는 넉넉한 인맥을 얻지 못했고 활동이 활발할 만큼 지방이란 곳은 포괄적 탄탄대로가 아니었다.

고작 문인들 몇몇이 동인지로 얼굴을 내비치거나 문학이란 실오라기를 놓지 않으려 결성한 빈약한 재정에 월간지에 묻어가는 문학회가 전부라 원고청탁서를 받은들 원고료가 어디 있으랴. 기재된 조건으로 월간지 한 권으로 대신할 뿐.

약력이 그 작가의 걸어온 발자취다. 책의 보편적 효율성보다 지은이의 화려한 경력에 치중되어 발매를 일삼는다. 쉽게 말하자면 속보다 겉에 치우친다는 뜻이다. 그래서 법정 스님께서 베스트셀러에 속지 말라셨다.

유명작가의 책을 보면 제목만 다르지 우려낸 듯한 기승전결이 엇비슷한 게 이만저만이 아니다. 개인적인 생각이지만 소설처럼 늘렸다 줄이는 위트가 다분하면 끝없이 발표할지 모르나 직접적 경험으론 세 편 정도면 필자의 부끄러운 치부까지 다 노출하지 않나 싶다. 몸소 겪지 않고서도 창작을 하는지 입이 다물어지지 않지만, 첫 편보단 감미로움이 기대 이하일 때가 대부분이다.

사실 필경筆耕이면 고립과 싸우면서 사생결단으로 자신을 속박하겠지만 그만큼 저작가보다 부담이 적기 때문이다.

말만 하면 다 아는 어느 작가는 정신병동에 입원한 환우들과 심리치료과정을 속속들이 들추어내고, 컨테이너 외항선에서 거친 파도와 싸우며 선원들의 일거수일투족을 함께하며 고행을 대변하고, 일주일을 산사 큰스님과 진빈적인 사회문제에 대해 견해의 차이를 대화로 풀어나감을 다뤘다. 움막에 기거하며 자연의 아름다움과 동반되어 펼친 인간사와 동식물에 대하여 쉽게 얼버무렸던 환경의 중요성을 들추기도 했다.

중견작가들처럼 다양한 사물과 교감이 부족해 선택의 폭과 주제가 좁아도 처음 다려낸 한약이 진한 것처럼 고도로 농축된 글, 세월의 반이 한 권의 책에 다 들어간 수필집을 펴고자 자비출판으로 출간했다. 한 인간의 눈물의 실루엣 같은 한 편의 모노드라마를 연상케 하여 제목도 초지일관 그대로였다. 비록 수도권과 인터넷서점에서만 선보였지만 궁극적으로 봤을 땐 전국으로 뻗어 나간 베스트셀러보다 자부심은 강하다.

돈도 판매도 베스트셀러도 목적이 아니었다. 애초에 기대도 하지 않았고 오직 가족의 사랑과 고마움에서 첫 점을 찍었다. 전혀 별개라고 여겼던 장애인의 고뇌를 비장애인들에게 조금이라도 발로하는 게 취지였다. 도움을 그리워한 인간으로 비친 몰상식을 타파하기 위함도 컸었다.

아직도 우리는 배려와 당연함을 착각한다. 당연히 누려야 할 복지시책과 공공시설이용에 대해서도 베푸는 것으로 인식하는 강한 모순 앞에서 장애인은 약자로서 일상생활과 사회생활에 제약을 받는 신체적 결함 인자. 가족도 이웃도 아닌 한 시대를 동행할 사회의 일원으로도 비치지 않았다.

그런 관점에 어떠한 해석과 설명이 필요한가. 자신의 개별적인 사실이나 현상을 보고도 주장이 성립되지 않아 목에 쇠사슬을 걸고 사회에 맞선 울부짖음이었다.

장애인도 한 시대를 풍미하는 인간이고, 시골 글쟁이도 작가란 사실을 인정받으며 책 좀 사봐라. 책 속에 길이 있다며 울부짖지 않아도 한 단계 올라설 테다.

재탕, 삼탕하는 인기작가 그림자처럼 뒤꽁무니만 따라다니지 말고, 유능하고 참신한 신인작가를 중심으로 다룬다면 서적이나 드라마나 판매율, 시청률 걱정하지 않아도 될 만치 풋풋한 사람냄새가 날 것이라 믿어 의심치 않는다. 시작하자마자 종국이 훤히 비치고 시나리오를 복사한 듯한 식은 이제 고루하고도 식상하다.

순간순간 시청자의 반응에 끼워 넣기와 늘리기로 주무른 쪽 대본과 죽음이 면죄부가 되는 결말의 쌍둥이 같은 타 방송드라마. 시는 삼십 대에 쓰고 수필은 사십 대에 쓰란다.

경제력과 유명세가 동반되지 않아 방송작가나 드라마작가로 몰린 젊은 작가들의 거칠고 돌발적인 원고들이 막장드라마를 만들어 감성과 성격까지 패륜으로 치닫는다.

악에는 악, 이에는 이. 살짝 돌아가고 기다려주던 참된 미덕은 이제 숙맥과 바보로 평가한다. 병신 겨뤄보지도 못하고 당하고만 있네, 착한 사람은 칭찬의 시대가 아닌 동정이나 왕따로 취급당한다. 그러니까 그러고 산다며 다독이긴커녕 되레 약삭빠르기를 권한다.

난폭하고 살벌하다. 도시의 혼탁한 공기와 창백한 시멘트가 아닌 상록수의 산뜻한 흙 내음을 표방해 보자. 차분하게 온 가족이 모여서 붉은 네온 불빛의 찌푸린 표정에서 벗어나 강아지풀에 앉은 메뚜기의 여유로움을.

책꽂이엔 전원적인 자연을 소재로 한 책들이 대부분이고 앞으로 계속 그 방향으로 갈 것이다. 그래야만 마음에서도 신록이 자라지 않겠나. 아까운 시간에 유익한 책도 모자랄 판에 어렵고 딱딱한 책으로 심성까지 모나게 하긴 싫다. 많이 읽자, 이런 말을 하기가 괜히 망설여지지만 옛말이 하나도 틀린 게 없었다.

꼭 본인이 자비로 구매해야만 책 속에서 천금이 보이기에 다시 펼친다. 타인이 양서라며 권하는 책은 웬만하면 피하라, 끝까지 본 적이 드물다. 얇으면서 글이 적은 것부터 도전해야 멀리까지 간다.

상투적인 단어가 많고 상징적 문체가 부족할지도 모르겠다. 현대인의 다양한 고독과 불안, 인물의 행동과 사건 중심의 단선적 구성이 아니라 궁금증과 실태와 본질을 증폭시키지 못함도 인정한다.

하나를 찾기까지 신발 같은 네 개의 고무바퀴는 한계가 많았다. 항상 가까운 거리보다 멀리서 탐구하여 가볍고 느릴지 모르나 허락된 부분들이 넓지 않았다. 그런 작가다.

부족한 점들을 장점으로 여기며 작은 반경 안에서 골자를 찾으려 두 번째 개인 집을 발표하였다. 문학이 말하고자 하는 게 무엇이고 어떠한 흐름으로 가는지 투영할 줄 아는 기성문인으로 문인협회와 장애인복지관에서 온전한 삶을 찾으려 몸부림치는 장애인들의 절규를 시詩와 수필로 되살려 내는 과정을 밟는다.

고희의 언덕에 서신 할머니와 소화마비 장애인, 활동보조 도우미 분들이 주어진 환경적 요소에서 잠시 벗어나 어눌한 말투로 시선을 맞추며 감정을 표현한다.

알아주지 않고 궁금해하지도 않는 숨겨진 Behind story. 흔히들 하는 이야기보다 내면에 꼭꼭 닫혀 편집과 삭제되었던 정감 어린 글이 언젠가 나오리라 고대하며 오늘도 손짓 발짓이 이론적 토대와 약력에 인정한 화려하거나 지적인 글, 대중적인 명성이나 인기에 연연한 글이 아닌 무엇보다 독자들에게 희망을 주는 글과 장애의 족쇄에 도륙당한 사회적 약자의 진한 마음이 배인 글을 쓰련다.

그것이 무엇보다 미래를 지향하는 순수 문학이라 생각하기에….

마음으로 걷는 길

옹기종기 머리를 맞댄 슬래브지붕 아래 키가 자그맣고 몸집은
운동을 게을리해선 안 될 성싶은 한 새댁이
유모차에 아기를 재워놓은 채 줄넘기 삼매경에 도취해 있다.
새침한 운동화에 툭툭 밟히는 뽀얀 감꽃을 걷어내며 숫자를 세고 또 센다.

삶의 그림자

옹기종기 머리를 맞댄 슬래브지붕 아래

키가 자그맣고 몸집은 운동을 게을리해선 안 될 성싶은 한 새댁이 유모차에 아기를 재워놓은 채 줄넘기 삼매경에 도취해 있다. 새침한 운동화에 툭툭 밟히는 뽀얀 감꽃을 걷어내며 숫자를 세고 또 센다.

임신중독증으로 겹겹이 포개진 풍만한 뱃살에 앙증맞은 가슴의 껄끄러운 숨소리. 간간이 새어 나온 아이고 소리가 먹을 때의 기쁨이 후회로 쏟아진다.

대지가 40평 남짓한 주택에 세입자 세 집이 정을 나누는 그저 평범한 시골집. 첫돌이 지난 딸아이를 둔 위채. 틈만 나면 부엌문을 잠그고 낮잠에 빠져 깨를 볶는 아래채, 말이 신혼이지 직장에서 만나 철없이 시작한 초년생 동거 부부다. 건넌방은 세상 이치를 알 것 같은 서른 중반의 부부 둘이서 아침이면 오토바이의 굉음과 함께 출근했다 귀가하는 형모에 겨우겨우

입치레하는 듯 마당에서 훌라후프를 돌리든지 한쪽 모퉁이에서 공구를 매만지며 내일을 준비하곤 했다.

줄넘기 다음 날은 훌라후프로 운동 중독처럼 하루를 맞지만 단단하게 뭉쳐진 몸에선 소위 밥 먹듯 말하는 아가씨 때의 몸매를 언제나 찾을지 오리무중이다. 밤도 모자라 한여름 대낮에도 창문을 결박한 채 사랑에 빠진 아랫방 새댁은 굳이 용쓰지 않아도 될 듯한데 훌라후프에 허리가 휘감기는 걸 보면 마천루에서 염탐하는 알 수 없는 그 무언가가 있지 않나 싶다. 커피내기가 아니면 점심나절 부침개 담당이기에 저리도 열중이지 아무런 연유가 없다면 강렬한 햇살에 등골이 비칠 듯한 가냘픈 몸으로 콘크리트 바닥이 들썩거리고 신발이 고무 탄내가 나도록 뜀박질을 하겠는가.

몇 날 며칠 남의 가정사를 엿보는 관음증환자처럼 거실에서 베란다까지 최대한의 거리를 오가며 무료함을 달래다 화사하게 쏟아지는 햇살이 고인 곳에 머물기 마련이다. 우울증도 예방하고 매체의 삭막함을 잊은 채 자연과 인간의 공존을 동시에 관망하는 베란다가 더없이 귀중한 공간이다.

별반 다르지 않은 환경에 입맛을 다시며 머릿속으로 혼자만의 시각적 표상을 꾸민다. 엘리베이터를 타고 현관만 들어서면 누구에게도 구속받지 않고 단절된 세계에서 외톨이와 다를 바 없던 현대인들에게 그나마 주택은 하나로 엮어줄 뿐 아니라 소통과 화합의 장을 열어 이웃 간 살가움을 북돋아 주는 매개체다.

사람이 자연에 동화되고 자연이 사람과 하나로 거듭나는 어울림이 곧 주택이 아닐까. 항상 꽃을 바라만 보는 벌 나비처럼 정서마저 메마른 콘크리트 숲에서 감옥 아닌 감옥생활을 하다 안정된 기틀을 다진 후에야 도심을 떠나 전원생활로 평화로운 황혼을 맡는다.

편리함은 공동아파트가 최적이고 주택은 독립된 분방함에 적합하다.

헤픈 웃음이 고무줄같이 밀고 당기던 사이에도 사소한 언쟁의 빛이 서슬하다. 공과금을 각출해야 할 땐 더더욱 그렇고 수돗가나 화장실 청소를 앞둔 휴일이면 활기차던 운동기구도 빗자루와 바가지에 자리가 밀려나 처마끝에 매달린 시래기처럼 엮인 운명 뒤로 초등학생들의 요란한 몸짓이 대문을 박찬다.

간혹 훌라후프 사이를 잘도 피해 다니며 훼방을 놓던 녀석들이 근처 너른 운동장을 두고 아이가 새근새근 잠든 유모차 앞을 고양이 걸음마를 한다. 교과서인지 동화책인지 얄팍하게 든 걸 보면 분명 조카나 늦둥이 동생 친구들이 수업을 마치고 배고프다며 온 것이 분명한데 모두 맛나게 먹는지 기척은 없고 삼촌인지 매형인지 종종 파리채를 든 사내만 서성인다.

어느 날 외출을 했다 돌아와 베란다에 물을 뿌리다 우연히 경찰관이 그 부부와 대화하는 것을 목격했다. 아마 이웃의 행방을 물어본 듯 표정이 밝은 걸 보니 잘못을 저질렀거나 타인에게 해코지한 것 같지는 않았다.

여태껏 지켜본 결과 매일같이 파리채나 들고 삽짝 밖에 발을 내미는 걸 보지 못했을 뿐만 아니라 새댁도 장날에 시장바구니를 끌고 나가는 게 바깥출입의 전부였는데 법의 저촉받을 짓을 할 사람들이 아니었다. 유동인구가 없는 시골이라 경찰이라면 잘잘못을 떠나서 움츠러들거나 긴장하기 마련이다. 근처에 사이렌만 울려도 의구심을 가지며 우르르 몰려나오는 게 주위 반응이다. 알 수 없는 그 일이 무관심 속에서 잊힐 무렵 틈만 나면 부엌문을 굳게 닫던 새댁과 안면을 트게 되었다.

우연히 슈퍼에서 후배를 만났는데 하필이면 마른 꼬챙이 그 여인이 후배와 연인일 줄. 종종 울타리 밖에서 힐끔힐끔 주시하는 걸 간혹 느꼈으나 그 눈빛이 친분의 눈빛이라기보다 그저 장애인을 바라보는 공통적인 호기심으로 여겼을 뿐이다. 반가움을 표할 만큼 정감이 쌓이지 않았는데도 굳이 집에 놀러오겠다기에 흔쾌히 마음을 열었다. 이유도 없이 장애인을 피하는 반면 그 새댁은 타지에서 외로움을 다스리기엔 너무도 젊고 어렸다. 신랑이 퇴근하는 시간까지 달걀부침에 된장찌개를 끓여 드라마를 의지 삼는 게 유일한 낙이었다.

시선에 둥지를 튼 집. 그중 한 사람과 삶을 얘기하다 보니 자연히 일상생활이 주제였고 서로 모르던 심간心肝에 대해 이해의 폭이 넓어졌다. 멀기만 했던 타인에게 기쁨으로 동조하고 슬픔에 울먹이는 나날에 불현듯 몰랐던 이야기를 들었다. 위채 부부가 비밀과외를 하면서도 자신의 마당에 옆집 오동나무 잎사귀가 떨어지면 언쟁을 벌인다는 말에 젊은 양반들이 아무리 타지에서 왔거니 어른들에게 그러면 쓰나. 주위에서 신고라도 하면 어쩌려고….

'따끈따끈한 시루떡이라도 한 접시 돌려도 눈감아 줄까 말까 할 판에.'

'어디서 굶지도 않고 넘어서.'

'괘씸해서라도 신고를 해야 한다. 굴러온 것들이 무서운 줄 모르고'

어른들에게 버릇없이 군다는 말에 갈고리처럼 흥분한 모양이다. 하지만 아닌 것은 아니다. 아무리 세상이 좋아졌어도 나무에 붙은 이파리가 어디로 날아갈 줄 알고. 바람 따라 나부끼는 것을.

인간이란 동물은 꼭 자신들은 피해를 주지 않고 타인에게 피해를 보는 줄만 안다. 행여 완벽주의로 착각하기에 그렇지 않나 싶지만 사람 일을 누가 아는가. 서로서로 푸닥거리며 비비는 세상에서 웬만해선 귀를 막고 눈을 감아야지 하면서도 편애심이 깊게 박힌 말 한마디가 쥐가 듣고 새가 들을 줄은 미처 몰랐다. 고층이라 쥐보다 새가 구름처럼 날아다녀도 방음창을 뚫을 만큼은 아니었는데.

저장되었던 메모리가 희미해질 무렵 현관 벨이 겁 없이 울린다. 카메라에 얼굴을 붙이고 고조된 음성으로 주택에 사는 새댁이라기에 덥석 문을 열어줬더니만 전혀 모르는 여인이 좀 들어가도 되느냐며 가슴을 풍선처럼 내민다.

그러고 보니 그 옆에서 매일같이 줄넘기하던 위채 새댁이었다. 갑자기 도둑이 제 발 저린 듯 덜컥 겁이 났다. 남의 집을 염탐한 것에 대해 따지러 온 건가. 그것이 사생활 침해인지 잘못된 행동인지 아닌지 몰라도.

창문으로 새어든 풍경이 눈에 띄는 게 무슨 큰 죄기에. 잠시 후 밀어닥칠 일방적인 질문에 답을 정리하느라 머리가 뒤범벅이다. 과연 어떠한 말이 올라간 저 입꼬리를 통해 조촐한 안락마저 선탠지나 투박한 갈대로 가려야 하나. 내 집에서 조망도 일조권도 누릴 수 없다면 뭣 하러 이 높은 곳에서 살겠는가.

온통 뇌리가 밀가루를 반죽하듯 치댄다.

조용히 서서 이유를 묻던 아내의 말에 두리번거리던 새댁은 결국 입을 열었다.

거두절미하고 왜 남의 집에 악담을 퍼붓느냐는 것이다. 듣기만 했던 그 여인의 당돌함이 건방으로 이어졌다. 그래그래 당신이 그 모양이니까 이웃들이 입을 다시지. 이유야 어떻게 됐든 남의 집에 왔으며 이래 저래 하여 왔다며 전후 사정을 고하는 게 맞지 않느냐. 우리가 죄지은 범죄자도 아니고 자신보다 나이도 많은 사람 앞에서 심문하듯 묻는 건 어디서 배웠느냐니.

도덕책 같은 예의는 모른단다. 길고 짧은 건 재어봐야 알겠지만, 벼르고 온 인간에게 무슨 말이 닿기야 하겠나. 무례하게 행동하는 이유라도 알자니 며칠 전 놀러왔던 새댁이 오지랖 넓게도 나누었던 이야기를 윗집 부부에게 직접 했던 모양이었다. 앞뒤 다 빼먹은 채 경찰에 신고하라 했다며….

그것 때문에 이를 갈며 15층을 올라왔던 거였다. 없는 자리에선 나라님도 흉을 본다지만 비가 오는 날이면 심심하고 무섭다며 함께 장단을 맞춰줬는데 알맹이는 다 빼먹고 오해의 소지만 골라 이간질을 한 까닭을 모르겠다.

차마 인간이라면 은혜까진 몰라도 고마움은 알아야지. 무슨 억하심정으로 여기저기 싸움을 붙인단 말인가. 한숨으로 화를 삭이며 차분하게 설명해주었다. 실내장식 전문가인 가장家長이 불경기에 치명타를 입어 잠시 회복하는 동안에 마을 아주머니의 부탁을 받고 초등학생 몇 명을 과외를 시키다 보니 근처 학원에서 신고하였는지 한날 경찰이 왔단다. 그 후론 속이 시끄러워 그만두었고 오동나무 잎사귀 때문에 어르신들과 싸움도 모두 거짓이란다. 뒷집 아주머니가 정신이 흐릿하여 과자봉지나 잡초를 뽑으면 지붕이나 뒤뜰에 던지기에 그러지 말라며 한두 번 찾아간 게 다였다는 것이다.

누가 이 새댁의 경위를 듣고 손가락질을 하겠는가. 자초지종도 모르고 한 사람 말만 믿고 손뼉을 친 내가 불찰이고 괜한 사람 나쁘게 매도한 새댁이 손가락질을 받을 대상이지. 서로의 속내를 알고선 가합한 사이가 되었고 거짓말에 따돌림의 매를 맞은 새댁은 더더욱 자물쇠에 의지하다 이사를 했다. 인간의 탈을 썼다면 거짓과 술수로 순수한 사람들을 울리지 말아야 한다. 타인의 고충을 보면서 자신은 아프지 않은가 지붕을 맞댄 이웃끼리.

궁핍한 자와 그에 만만치 않은 자가 마주앉아 대화를 잇다 보면 자연히 두 삶에는 공감대가 형성된다. 경제적인 부담도 문제지만 기가 죽은 가장家長의 위신과 자신감마저 상실한 행동에서 한 잔의 술이 빠질 리 없고 검은 봉지에 맥주 세 병과 쥐포 두 마리가 남루한 미래를 예견한다.

"나는 그렇더라도 언제까지 파리채를 들고 다닐 순 없지 않습니까. 우리도 남같이 다부지게 한 상 차려놓고 한잔하게 궁리를 세워봅시다."

"안형은 나보다 낫지 않소? 아파트라도 있으니"

"김형은 당장 꼬꾸라질 판이요?"

"몇 푼 안 되는 전셋집은 옆방의 사랑 노래가 들리고, 엄동설한에도 볼

일을 보면 엉덩이에 고드름이 얼라 합니다."

"어데 없는 사람이 불편한 게 한두 가지야지."

"주먹 불끈 쥐고 단내 나도록 살아 봅시다. 송대관처럼 해 뜰 날이 오겠지요."

그럼에도 베란다에서 햇빛을 구걸하는 신세였고, 그 집 또한 새댁이 도롯가에서 천막을 치고 우뭇가사리 묵을 동동 띄운 콩국과 냉커피를 팔며 근근이 생활했다.

콩국 한 그릇에 이천 원, 콩국수가 이천오백 원, 냉커피가 천 원 하던 시절이라 종일 더위를 마시며 바지런을 떨어도 재료비를 빼면 멀건 이윤에 브레이크를 밟는 차량을 기다리던 평상 위에 꿈도 널브러진다.

그나마 흙먼지 폴폴 풍기는 덤프트럭이나 건설장비 기사들이 목을 축이려 삼삼오오 밀어닥칠 때가 가장 즐겁고 피곤함도 잊는다며 해바라기다. 성실한 것 외에 아름다움이 뭘까. 비록 불볕더위에 지친 몸을 시원한 얼음물을 두고도 달랠 수 없고, 장마철이면 공치는 날이 허다해도 하려고 하니 기특하다.

민망함과 수치스러움 다 따져가며 못 한다 안 한다며 손사래 친다. 해보지도 않고 먼저 꼬리를 내리며 득을 얼버무리고 거룩한 자존심을 가진 양 지레 겁먹은 못난이들보단 낫다. 불시에 시청에서 철거하지 않을까 걱정을 싸매더니 초등학교 정문에서 문구점을 개업하여 어린 학생들과 마음을 맞추는 걸 보면 삶은 배신을 하지 않으리라는 걸 믿는다.

'지우개, 공책, 스케치북 주세요?'

천 원짜리 한 장 받고 바리바리 거스름돈을 내주면서도 '어서 오세요, 안녕히 가세요.' 아이들 눈높이에서 어른들과 별반 다르지 않게 친절함으로 공약하니 4평 남짓한 공간에 점점 물건들로 붐볐다. 아이를 키우며 등하교 시간을 제외한 나머지는 여전히 파리를 쫓았고 코 묻은 푼돈을 벌어 목돈을 만들기가 그리 수월치가 않았다.

크고 작은 일에도 언성이 잦아져 남편의 손길마저 외면할 만큼 가정은 돈 앞에서 피폐해져 갔다. 기본 밑바탕이 원체 없어 잡고 일어서기가 버거워 그것마저도 지키지 못하고 부풀었던 초심도 어느새 삐쩍 말라 좌절을 안은 채 또다시 새댁은 보험설계사로 뛰어들면서 가계를 접고 예전 실내장식 기술을 살려 이 집 저 집 떠다니던 전세 신세를 면하였다. 서민아파트를 분양받아 어렵던 과거도 낙이 오는가 보다.

그 무렵 기다리던 아들도 태어나 네 식구 단란한 울타리에서 아름답게 꽃을 피워갔다. 힘겨움에 북받쳐도 타지에서 의지할 곳 없어 검은 봉지에 맥주 세 병이 친구이자 비루한 몸부림이었다.

가슴을 쳐도 덥석 안아줄 인연 하나 없던 곤고한 나날에서 겨우 극복했기에 마음에 품고 간직한 이웃들도, 불이 나던 전화기도 한동안 침묵을 지킬 때 재미날 때 많이 벌라며 얌전을 뺐다.

무뚝뚝하고 내성적인 남자 둘이서 알콩달콩 수다가 뭔지도 몰라 가끔 아내들만 가뭄에 공 나듯 안부를 통했나 보다. 잊힐 만하면 익숙한 문자가 들려오는 걸 보면.

두툼한 삼겹살도 구우며 과거사를 안주 삼을 정도로 여유로운지 아이들도 두서너 군데 학원에 다니는 걸 보면 흡족함이 든다. 이러다가 조만간 촌구석에서 재벌이 나오는 건 아닌지 모르겠다며 부러움 섞인 투정을 부리며 오래오래 행복이 영속되길 빈다. 고생도 누구보다 길었고 이일 저일 안 해본 것 없이 머리도 조아려봤기에 지금에야 당연한 대가라 여기지만 살 만하면 애꿎은 일이 생긴다는 옛말이 하나도 틀리지 않다.

어둠을 갉아먹던 고요한 시간에 전화통이 요동을 쳤다. 상대방을 생각한다면 상식적으로 전화해서도 안 될 시간인데 온 식구가 잠에서 깨어나기를 바란 듯 꼬리를 물고 울려댔다. 겨우 눈을 비비며 '누군데 이 밤에 예의도 없이 전화질이냐며 짜증 섞인 말투로 휴대폰을 나무랐다.'

오래도록 울리고 재차 울릴 땐 분명 뭔 이유가 있거나 다급한 일일 거란 추측에 번호를 확인하면서도 꺼버렸다. 의문이 가중됐으나 잘못 걸린 전화겠지. 다음 날도 그 다음 날도 전화통은 고집을 부렸다.

인내심이 극에 달한 아내가 묻지도 않았는데 시시콜콜 이실직고한다.

"누구 아빤데 물어볼 말이 있다며 한번 만나자고 한다."

"만나보지 왜 모르는 사이도 아닌데 뭔가 궁금한 게 있겠지."

"대뜸 남의 가정사에 끼어들기 싫은데 자꾸 귀찮게 한다."

"오죽 답답하면 저녁마다 전화할까. 요즘 보험하고 실내장식하면서 둘이 잘 번다며?"

"그런 줄 알았는데 얼마 전에 새댁과 통화를 했는데 문제가 좀 있던데?"

"무슨 문제. 심각한 거가."

고객을 만나면서 귀가가 늦어지다 보니 의처증도 생기고, 바람은 자기가 피워놓고 새댁보고 피웠다며 일거수일투족을 다 따지고 든다며 무서워서 못 만나겠단다. 뭐 잘났다고 직장에도 못 나가게 하는 꽉 막힌 사람을 만나 말을 섞느냔다.

"수년을 지켜보았으나 그런 사람이 아니다. 파리채 들고 대문간도 몰랐는데 무슨 주지가 넓어 그런다 말이고."

"얌전한 고양이가 부뚜막에 먼저 올라간다 했소."

"사람은 얼마만큼 볼 줄 아는데 김형은 아니다."

'잘 살면 될 텐데 꼭 남 하는 것 다할라 하노.'

그 집 돌아가는 걸 훤하게 꿰뚫는 걸 보면 짬짬이 새댁과 통화를 한 모양이다. 무심함으로 일관하는 게 가엾은 새댁을 위한 길인 줄 알았고, 주제파악도 못 하는 사람을 만날 필요가 없다며 차갑게 단절하였다. 저러다 말겠지, 부부싸움은 칼로 물 베기라는데 시간이 지나면 다시 콩을 볶을 거다 싶어 잠잠하기를 바랐으나 이혼 소리가 들려왔다.

'조금만 참지 아이들에게까지 상처를 주나.'

'자존심이 뭔지'

이혼해주는 조건으로 위자료 천만 원과 아파트를 남편에게 주고 아이들을 데리고 나왔단다. 이해심이 풍부해도 이해가 되지 않았다. 한눈 판 사람은 신랑인데 새댁이 위자료까지 주며 나가야 한다니. 아이들과 이 험한 세상 어떻게 살려고.

'그리도 몸서리나게 싫었는지. 바보가 아닌 이상 냉정함을 잃지 말아야지.'

사랑으로 시작한 한 가정이 순간의 실수로 돌아올 수 없는 강을 건너버렸다. 등 돌리면 남이라지만 어제까지 여보 당신하며 살을 맞대다 남보다 더한 악연으로 변해버릴 때 제아무리 이웃이 사촌보다 낫다고 해도 지켜보는 것 외에 달리 할 게 없다.

발 없는 말이 천 리를 간다는 소문을 실감하듯 지인들이 하나같이 새댁이 이혼한 후로 달라졌단다. 마치 귀부인이 된 듯이 치장을 하고 씀씀이도 예사롭지 않단다. 애들과 생활하기도 버거울 텐데 다 뜬소문이라며 치부해버렸다. 이혼한 지 얼마나 지났다고 그사이 여유를 부릴 정신이 어디 있는가. 슬픔을 잊고자 잠시 흔들렸거나 애써 아픔을 감추려 더 화려하게 한 건 아닌지. 둘 중에 한 가지지 무슨 귀부인. 돈이 어디 있었어, 신랑한테 다 뺏기고. 다들 남의 일이라고 함부로 뱉는 걸 보면. 모르는 이들이 들으면 무슨 복권이라도 걸린 줄 알겠다.

가난에 치를 떠는 것보다 잘산다니 기분이라도 좋다고 하였으나 하나같이 예전 새댁이 아니란 말뿐이다. 나만의 일도 신경 쓰느라 피곤한데 근거 없는 유언비어에 두통이 터지기 직전에 새댁이 이사했다며 아내를 초대했다. 번듯한 번화가에 주유소와 국내에서 내로라하는 승용차를 몰고 트렁크엔 골프채가 번쩍이고, 짤막하고 뚱뚱한 몸은 몇 달 사이에 몰라보게 다른 사람이 되었단다. 일간 운동장 크기의 아파트에 입주할 거라면서 잔뜩 자랑을 곧추세우며….

사람 일은 모른다더니 이럴 수도 있네. 이런 걸 천지개벽이라 하는가 아니면 환골탈태. 아무렴 남에게 피눈물 흘리게 한 돈이 아니면 무슨 수를 쓰더라도 풍족하면 좋지. 땀 흘려 벌어 자기가 쓰는데 누가 혀를 찰까.

"재주가 좋네. 좀 가르쳐 달라고 해봐라. 혼자만 다 끌어모으면 다른 사람들은 뭔 재미로 사노."

부러움도 적당해야 받아들일 텐데 얼토당토않다 보니 의문이 떠나지 않을 뿐만 아니라 왜 이혼 직전에 신랑이 만나자며 통사정을 했는지 어렴풋이 심정이 간다. 한 가닥 동아줄이라도 잡고 싶은 그 마음을 묵과한 것이 사뭇 미안하다.

여태 못 써본 돈 거덜을 내려는지 성형수술에 지방흡입, 골프에 헬스에 간혹 검은색 세단을 두고도 외제 승용차를 보란 듯이 읍내 중심가에 세워두고 명품 쇼핑을 즐기며 태를 부린다.

"왜! 하나 안 사 주더나, 조막만 한 거라도 하나 사달라 하지. 베푸는 데는 야박한가 보네."

"아저씨 내가 거지요, 남한테 그런 걸 바라게."

"나도 안 써서 그렇지 있을 만큼 있네요."

"죽으면 썩어질 몸에 뭐 그리 칠갑을 해 샀노. 저금해뒀다가 애들한테나 쓰지!'

"얄궂은 놈한테 홀랑 다 털리면 어쩔려고."

"아저씨 걱정은 안 해도 되겠습디다."

요즘 만나는 사람이라며 소개를 해주더란다. 부담 없이 놀다 가라며 대뜸 카드까지 주고.

"우와! 대단하다."

신랑에게 배신당해 애처로운 연민뿐이었는데 그새 남자를 사귀다니 징글맞지도 않나.

'저 남자가 드라마에서 소위 말하는 구세주인가. 외로운 사람끼리 만나 치유하는 걸 탓할 생각은 없어도 머리가 백발에 아버지 같은 분이었다. 이제 어찌된 상황인지 일목요연하게 추리가 된다. 지금까지 읽었다면 모두 고개가 끄떡여질 것이다. 중간에 빼먹고 읽었다거나 졸음에 겨워 한두 장 넘겨버린 분들을 위해 정황을 설명한다.

도롯가에서 콩국수를 팔다 그것도 여름 한 철이다 보니 부부가 문구점을 열었다. 어린애 코 묻은 백 원짜리 장사라 보험에 발을 디뎠고, 보험설계란 게 모두 친분과 인간관계로 이루어지는 걸 모르는 바가 아니지만, 실적에 노예다 보니 발품을 거듭 팔아야 했다. 자연히 가정은 뒤로 밀려나면서 귀가 시간은 밤낮을 가리지 않았다.

하교한 아이들은 엄마의 품을 기다리지, 직장에서 퇴근한 신랑이 가사를 도맡다시피 한 시간이 짧지가 않았나 보다. 참다 참다 작은 불화가 갈등으로 번졌다. 굳이 선후를 따진다면 가정이 선이 아니겠는가. 미묘한 견해차를 따지자는 게 아니다.

가정이 있고 후에 직장이 존재한다는 논리다. 수입이 얼마이든 간에 씀씀이를 보자면 레벨이 높아진 건 기정사실이다. 이 사람 저 사람 찾아다니며 애원하고 비위를 맞추면서 술자리는 늘어나고 시간은 짧고 정은 깊어져 연인으로 거듭나 버린 것이다.

자유로운 홀몸에 경제적 뒷받침의 소유자라 자신의 굴레만 벗어버리면 안방마님인데 구차한 신랑이 눈에 밟혔겠나. 이 핑계 저 변명이 의심의 탈을 불러온 게지. 먹고 떨어지라는 식으로 아파트에 현금마저 얹어주며 이혼을 했으면 됐지 왜 철면피같이 잘못을 합리화시키려 선량한 신랑에게 누명을 씌워 지인들조차도 외면하게끔 몹쓸 인간으로 만드는지. 떠난 자는 말이 없으니 남겨진 자신이라도 순결한 척 보이려 함은 잔망스러운 역겨움이다.

가정을 송두리째 파탄 낸 장본인이 더한 짓도 못할까만 일말의 양심을 가졌다면 애꿎은 사람을 수렁으로 몰아선 안 된다. 여유로운 삶을 마다할 사람이 어디 있을까. 그렇더라도 도리를 저버리는 금수禽獸 짓을 저지른 부모에게 훗날 자식들이 뭘 보고 배우겠는가. 가당찮은 교육비와 적지 않은 생활비에 안정된 노후보장이 걱정되어 순간 뒤웅박 팔자를 깨뜨릴 수도 있다.

인과가 어떻든 소문이 천 리를 돌아다니든 궁극적으론 선택에 대해 후회가 없기를 바란다. 누가 봐도 속이 비칠 습자지 같은 코미디에 악취가 풍길까 봐 두렵다.

진실은 시간이 지나면 밝혀진다. 그때 현관문을 들어설 때처럼 헐크로 돌변하여 누구 허락으로 글을 올려 인격모독을 하느냐며 멱살이라도 잡으면 어떡하지. 까짓것 방귀 뀐 놈보다 똥 싼 놈이 성낸다고 날 잡아 잡소! 하지 뭐. 서지른 과오를 인정하지 못할 위인은 아닐 테다. 과거를 돌아보고 현실을 직시하는 계기가 되길 빈다. 이왕 맺어진 것 오래도록 영화를 누리길.

다가갈 수도 동행할 수도 없는 인연, 오면 반기고 가면 뒤가 구리는 만남. 해가 기울면 도둑고양이처럼 다녀가던 발길도 이젠 뜨듯이 낮달을 이고 친정을 오가며 트렁크 한가득 선물 공세를 편다. 아는 이들은 안다. 쉬쉬할 뿐이지.

질타의 채찍을 맞아야 할 대상이 부러움을 산다면 아등바등 하루를 검소와 근면으로 다잡는 이들이 회의를 느끼지 않겠나. 세상이 내 것처럼 뒹굴던 사랑놀음도 아이들 문제로 갈등의 벽이 심화되었다. 재혼이 둘만 작심한다 하여 무난하리라 여겼다면 초혼보다 더 신중하라는 진리가 난무하지 않았을 거다.

인스턴트가 나쁘다면 내 새끼한테 내가 먹이니 간섭하지 마라. 다이어트엔 규칙적인 운동이 필요하다면 구구절절 반대와 역성으로 대립하여 남남으로 뭉쳐진 덩어리가 왜 금이 가고 쪼개지지 않으랴.

헬렌 켈러는 신은 극복할 수 없는 고난과 시련은 주지 않는다 해도 누구나 집집이 크든 작든 하나쯤은 다 번뇌가 자란다. 사춘기에 접어든 아이들이 내 몸 내 핏줄처럼 호락호락 따르고 고분고분할까. 진로와 예의 앞에서 내 새끼네 네 새끼네 날선 핏대만 세우다 뿔뿔이 각자의 방에서 대화를 단절하거나, 훌쩍 나가 술잔과 밤을 새는 게 인생사 아니던가. 이순을 넘긴 분이 그 정도도 모르면서 시작했을까마는 돈이 뭔지 개도 안 물고 가는 것 때문에 딸 같은 여인과 찬란함을 맛보았다.

그 조건이 아니었다면 과연 관계가 성립되었을까.

인간이라면 누구나가 장단점이 없지 않다. 쌀밥 먹다 보면 잡곡밥을, 키가 작으면 큰 키를, 날씬하다면 통통하고 관능미를, 무뚝뚝하면 다정다감을 원한다. 사랑은 국경도 종교도 나이도 인종도 초월한다 해도 유교사상이 뿌리 깊은 우리 민족은 아직 남의 시선을 의식하는 경향이 짙다. 둘이 나란히 걷기 쑥스러울 뿐만 아니라 손을 잡거나 팔짱을 끼는 것조차 행실과 태도를 운운하므로 내연의 끝은 종국으로 치달았다.

새댁 부친이 돌아가셨다는 부고를 듣고 망설이기를 수차례. 듣고서 모른척하자니 귀가 가렵고, 가자니 어색함에 부자연스런 자리. 슬픔을 앞에 두고 멈칫거리는 것도 경우가 아닌지라 용기를 내었다. 할 짓은 하고 나서 말은 하자며.

홀로 빈소를 지키던 새댁과 고도비만인 고등학생인 딸, 행동거지가 불량스럽기 그지없는 중학생 아들에 그간 순탄치 않았음이 역력하다. 조문객의 시중을 들던 백발인 남자의 입에서 알싸한 말이 터진다. 미간을 찌푸리며 얼마 전에 갈라섰는데 초상난 걸 외면할 수 없어 왔단다. 이혼도 아닌 갈라선 부부생활은 5년에서 막을 내렸다. 트집과 다툼이 더하는 환경에서 아이들인들 정신적인 자아의식이 확산했겠는가. 감수성이 예민한 소녀가 스트레스로 말미암은 폭식증으로 외모에서부터 집단따돌림을 당하고 성숙기에 접어든 아들은 점점 반항과 저항으로 자기주장이 강한 파괴된 인성을 보이는 건 당연하다.

관심이 내재한 호의와 아량으로 보듬은 진정한 보금자리가 아닌 위선과 자기중심적인 이기나 아집에 사로잡혀 상대방에게 상처를 주며 서로 가두는 감옥이었다.

인간은 어떤 생각이나 사실 따위를 인정하는 긍정의 눈과 태도를 지녔다. 긍정은 열린 해답을 주며 부정은 용서하기 어려운 상주불멸常住不滅의 믿음이 강하기에 한쪽은 유달리 좋아하면서 다른 쪽은 지나치게 미워하는 편애편증을 드러낸다. 지금 필자도 편견에 치우친 글을 쓰는지 모르겠다.

누군가를 무턱대고 미워하기 전에 스스로 자신을 돌아볼 필요가 있다. 냉정하게 폄하하기보다 진실로 그의 인생을 동정하고 관여할 직접적 관계인지를 돌아보아야 한다. 탓하며 꾸짖기보다 의기소침과 의욕상실로 이끄는 게 자본주의다. 모였다 하면 인생 별거 있느냐며 맹랑한 언어를 구사하며 허무를 발설한다. 왜 인생이 보람도 미련도 부여하지 않을 만큼 중요성을 부각하지 못하는가. 그것은 갈수록 인간이 자본에 억눌려 가치와 자리란 구속에서 규범과 제도를 무시한 직접행동을 하기 때문이다. 주위 상황에 적응하려 자발적 능동성自發的 能動性을 키우는 건 헤아린다만, 사람과 물건은 제자리를 지킬 때 가장 아름다운 걸 잊어선 안 된다.

만인의 사랑을 독차지하는 장미도 가시덤불에서 자란다. 우리의 삶도 마찬가지다. 상처 난 자리에 새살이 돋으면서 예전 아픈 기억을 과거와 추억으로 가져간다. 꽃길과 가시밭길을 피할 수 없는 게 인생길 아니겠는가.

불혹을 넘은 나이에 원상으로 돌아온 초라한 전세아파트. 또다시 누구에게 묻어서 행복을 구걸할 것인가. 촉망받는 아이들의 장래를 위해서 대학문도 열어야 하고 국방의 의무와 앞날에 다가올 무궁무진한 변화의 물결을 헤쳐 나갈지 미래 자신이 감내할 몫이다.

힘들다 하여 피하기만 하고 이겨내지 않는다면 한 번의 실수가 반복적인 행동이 되고 습관이 되어 운명으로 이어진다는 걸 기억해야 한다. 후회後悔는 '뒤' 라는 의미와 '뉘우치다' 라는 의미이다. 즉 지나간 일에 대한 아쉬움이나 탄식이 아닌 뉘우침과 반성을 뜻한다. 뉘우침과 반성이 있을 수 있다는 것은 아직 희망과 나은 결과를 만들 수 있는 가능성이기에 후회를 지혜롭게 이용하길 바란다.

마음으로 걷는 길

이제 천상에 그리움이 되신 어머니 보고 계신지요.
항상 산솟가를 맴돌며 이지러진 가슴을 아내와 딸의 눈을 피해 울부짖습니다.
다 알고 계실 줄 압니다. 또 손을 저어주실지 압니다.
자주자주 찾질 못하더라도 용서해 주십시오.
어머니! 보고 싶습니다.

그리운 이름 하나

"아이고 놀래라."

"놀랠 것도 다 있네. 내가 더 놀랬구만."

"우째. 사람이 재죽 소리도 안내는교."

"어휴 참. 내가 저 짝에서부터 얼매나 쿵쿵거렸는데."

"우와! 할매 거짓말도 참 잘하제."

"사람 자꾸 놀래키모 발목에 방울을 달아 놓을거요."

"달아봐라. 달아봐라. 누가 가만히 있는갑다."

"인기척을 했는지 안 했는지 아요."

"안다. 안다. 내가 그것도 모를까봐."

"알긴 또 정신 있는 척하는 것 봐라."

"아이고 참 무다이 내 보고 그란다. 지가 각중에 놀래놓고."

"내가 우째 지요. 아들이지."

"그라모. 내가 아들인 줄도 모르고 그라나."

"인자 갈라요. 엄마하고 자꾸 이바구 해봤자 내까지 이상해진다."

"대름 더 있지 어딜 갈라꼬."

"봐라. 아들인지 대름인지도 모른다 아이가."

"내가 와 몰라."

"그라모 내는 니한테 뭔데."

"뭔지도 모르요."

"안다. 니는 아나."

"뭐기는 뭐라 엄마지."

"아! 내가 엄마가."

"할매요 할매요. 참말로 예삿일이 아이요."

한사코 당신이 꼿꼿하다며 으름장을 놓으신다. 창밖의 푸른 세상에 틀고 틀어도 틀리지 않을 것 같은 속마음을 비추는 달콤한 시간에 거실에 계시던 어머니께서 어느새 여장군처럼 다가와 있기에 불현듯 놀라 주고받았던 대화의 내용이다.

여든이 넘으신 연세에 뼈저린 퇴행성관절염을 손바닥으로 문지르며 걸어왔던 분이 발걸음 소리를 내기도 그렇고, 뇌경색에 아들을 대름으로 착각하는 맑지 않은 정신에서 인기척은 중요하지 않았을 것이다. 창밖에 넋을 놓은 아들에게 말동무라도 해주려 했던 게 그리된 게 아닌가 싶고, 대화 과정에서 잠시나마 생생한 현실의 기억을 되뇌어주고자 우스갯소리를 했다.

"엄마."

"저 짝에 우리 논 보이는교."

"리어카 끌고 다니던데."

지금은 길이 좋아 먼지도 안 나지만, 예전엔 플라타너스 이파리가 얼마나 보얗던지. 차만 지나가면 바퀴에서 튕겨 나온 자갈에 머리통이 깨질까 봐 요리조리 궁디를 돌려가며 피를 뽑던 일들이 부평초같이 덩실거린다.

"멀긴 왜 그리 멀고 덥긴 왜 그리 덥던지."

"설탕 찰찰 흩뿌린 찐빵이나 두서너 개 사줬으면 오리처럼 입을 내밀지 않았을 텐데."

"친구들은 등교한답시고 스케치북 팽팽 돌리며 촐싹촐싹 깨금발을 뛰는데 되레 거꾸로 들에 가다 보니 보릿대 모자를 그림자처럼 눌러쓰지 않았소."

"변신을 거듭해도 약삭빠른 놈들이 있대요."

"친하지도 않으면서 친한 척은 혼자 다하는 놈."

"누가 저한테 시간표 물어봤나 결석 걱정을 해 달라 했나."

"못 본 척 제 갈 길 가면 될 걸 꼭 돌멩이를 들어야 말을 듣거든."

"흘린 돈도 없는데 땅바닥만 쳐다보고 가는 그 심정을 엄마는 아요."

"와 몰라. 알아도 인자 와서 우짜겠노. 안 하모 못 사는데."

"이전 사람들이 사람이가 소(牛)지."

"우리는 전답이라도 있어 배는 안 곪았다."

정말 번듯한 농기계가 귀하여 손수레와 지게가 운송수단이었고 삽과 낫이 연장이었다. 나락을 베는 날이면 쨍쨍 햇빛 나게 하늘에 빌며 몇 날 며칠 뒤집고 말려 탈곡하고 짚단은 겨우내 여물로 차곡차곡 쌓아둔다. 하물며 밭농사는 또 얼마나 지천으로 널렸나.

감자, 고구마, 밀, 감, 깨, 조, 수수, 녹두, 콩 타작하여 고방을 채우고 이엉 삼아 초가집 지붕 얹고, 땔감으로 구들장 철철 끓여 골병든 몸 지지며 달래던 게 민초들이라 사람이 아니라 소라 해도 과언이 아니다. 노동이 자본에 굽실거리지 않으면 풀칠할 재간이 없었다. 지금은 땀 흘릴 일은 하려고도 들지 않으니 찜질방에서 강압적으로 분출하는 그 땀이 무슨 애환을 알겠는가.

전화기만 들면 구색을 갖춘 음식들이 총알같이 현관을 두드리고, 세월에 설익기를 천금같이 비는 여인들의 심리에 봄가을 명징한 햇빛은 부담스럽지 않으리.

세월에 녹는 것은 자연뿐만 아니라 인간도 피할 수 없는 보편적 섭리다. 온갖 명품화장품으로 도배하고 그것도 모자라 일광욕 모자에 마스크까지 가리며 거리를 걷는 이들이 예전 비, 눈, 햇빛, 바람을 맞으며 일궈온 땀의 가치를 어찌 알랴. 찜질방에서 흘린 땀의 양만큼 가족을 위한 노동이었다면 그들은 과연 홍조 띤 혈색만큼 개운하다며 공치사가 마르고 개운해진 체중만큼 행복한 미소를 지을까.

결단코 그러지 않을 것이다. 주어진 환경이 불만족스러워 자신이 걸어온 발자취를 선망의 대상과 비교하며 자책이나 탄식을 한증막에 약쑥 늘어놓듯 걸어놓을 테다.

"맞다." 그게 인간이다.

짜고 진득한 땀이라도 어떻게 흘리는가에 따라 의의나 대가가 달라진다.

여유로움에 늘어진 호강이 될 수도 있고 고난에 그을린 열매이기도 한다. 지금 우리 모자母子는 그 땀내를 꺼리던 시대가 아닌 부농의 결실이었던 그때를 당겨본다. 비록 지금은 발전이란 풍요에 보리밥 한 덩어리 말아먹던 소탈한 추억이지만 그것마저 놓지 않게 매어 두려는 게다.

"엄마, 엄마, 빨리 와보소."

"와! 떡 줄라꼬."

"물것밖에 생각 안하요."

"그래. 나는 물것밖에 생각 안 난다."

"우짤레. 잡물레."

"어서 오소."

"냉큼. 즉시. 금방. 날래. 싸게. 얼른, 바로. 퍼떡. 냅따. 속히."

"아따 엥간이도 많다. 인자 다했나. 그것뿐이가."

"그만하면 됐지. 더 뭘 바라요."

"부지런히는 와 안 하노."

"우와. 맞네! 그것도 있었네."

"예리하네! 할매. 그선 어째 알았소. 정신이 들었소."

"내가 언제 정신을 놓았나."

"아이요. 내가 마 졌소."

이렇게 총명한 우리 엄니를 누가 치매노인으로 보겠나. 끝을 알 수 없는 행동과 동문서답으로 분위기는 곤두박질쳐도 순간순간 받아친 날카로운 순발력과 언어구사능력은 조금도 축나지 않았다.

"다리 아픈데 자꾸 다니지 말고 소파에 앉아 산이나 구경하소."

"매일 보는 그 산이 그 산이지 뭐."

"근데 산에 사람이 와 저래 많노."

"사람이 어딨소. 아무도 없건만."

"에헤! 허연 게 다 사람 아이가."

"나부대 샀거마."

"저게 어째 사람이요. 감나무 밑에 거름포대지."

"아따 놀랬다."

"와요. 요즘 저승사자는 허연 옷 입고 오는 줄 알았소."

어머니는 종일 거실에서 혼자만의 동화로 수를 놓는다. 항상 그곳 그 자리에서….

"오늘은 요쪽에. 내일은 저쪽에. 조금씩 옮겨가며 앉으소."

"요것도 보고 저것도 보게."

지겨울 만큼 얘기를 해도 어머님은 늘 한자리에서 망부석처럼 듬쑥하다. 고개만 돌리면 다 내 소유인 곳. 정면에 외로움을 달래줄 TV, 육신은 갈 수 없지만 마음은 갈 수 있는 과거 속의 뒷산이 오른쪽, 허전함과 궁금함을 달래 줄 주방이 왼쪽, 180도 공간에 모든 걸 거느려야 약해진 허탈감을 잊기에 강아지에게도 그 명당자리를 양보하지 않고 손톱만 한 과자로 약을 올린다. 이기지도 못하면서.

얼굴과 손등에 일대 격전이 선명하다. 까칠한 폭격이 휩쓸고 간 송곳니 자국에 연고를 바르며 "먹을 것 가지고 장난치지 마소. 앞에서 얼쩡거리면 확 달라드요. 줬으면 다 먹을 때까지 모른 척 놔두소."

"그라모 내가 놔두지 들고 있나."

머큐로크롬의 검붉은 색처럼 어머니의 목소리에 아직 강아지에 대한 분노가 삭지 않고 시큰거린다. 당신이 드실 걸 나눠줬으면 고분고분해야지 배은망덕도 유분수지 은덕은 눈곱만큼도 모른다며 다신 상종하지 않을 것처럼 그러셔도 몇 분 못 간다.

'할매요 저는 그런 본데없는 짓을 한 기억이 없다며 식탐에 자존심 따윈 개나 물고 가란다.' 주객이 전도될 만큼 무소불위의 권력을 쥔 아내가 작은딸 키우듯 다루니 의기양양할 수밖에.

널찍한 대야에 온수가 철철 넘치면
목욕시킬 걸 감지하고
침대 밑에 숨어 나오지 않을 때
생각이 깊음을 느낀다.

작은 딸내미 키우듯
한 이부자리에서 꿈을 꾸다
단잠을 깨우면

야생늑대로 돌변하는 걸 보면 얄궂다.

맛난 음식 앞에선
애교 눈빛을 쏘며
간단 명령어를 척척 소화하는 걸 보면
말귀 늦은 인간보다 낫다.

페키야!
페키야!
네 밥그릇 근처엔 왜 못 가게 하니
나도 인간인데
그럴 땐 생각이 깊다는 생각마저 지우고 싶다.

금방 싸워 피를 보면서도 서로 의지하면 따뜻함을 아는지 이불과 품속으로 파고들며 애정을 과시하기에 무료한 어머니에게도 말동무가 되어 순간순간 우리의 부족한 부분을 교대해준다.

어른스럽지 못한 행동에 토를 다나, 노인 냄새가 난다며 멀리하기를 하나. 빵부스러기 떨어져 번추하면 며느리 눈치 안 보게 다 주워 먹어, 늙은이 천대하지 않고 이쪽저쪽 따라다니며 반기는 건 그놈밖이다.

기력이 쇠하다며 무기력하게 방임하기보다 반려견이라도 말벗이 된다면 훨씬 재활치료에 효과적이다. 자식이란 본질에서 효가 무엇보다 중요해도 음으로 양으로 다하지 못한다. 사소한 부분들이라도 다른 누군가가 대신할 수 있다면 그것도 마땅히 행복이라고 본다.

"따르릉. 따르릉…."

"여보세요."

"상아. 상아."

엄마가 행방불명이란 막내 누님의 다급한 목소리.

꽉 막힌 일상에서 간혹 숨통을 틔워주려 막내 누님이 울산으로 모셔갔다가 아래층에 잠시 다녀온 사이 탈옥을 감행한 탈옥수처럼 철저한 사전계획도 없이 무의식중에 나가 승강기를 탔고 목적지 없는 오르내림만 반복하셨단다.

승강기 알리바이도 할머니를 찾는 관리사무소의 방송을 들은 어느 주민의 입을 통해 전해 들은 목격담이다. 몇 층에 가시느냐고 물어도 경직된 표정에선 알 수 없는 답만 되풀이하였기에 1층에 내려 드렸단다.

'잘한 일인지 잘못한 일인지도 모르고 오로지 위한다는 생각에.'

짧은 알리바이를 남긴 채 세상 속으로 사라지셨다. 살갗을 꼬집는 표독스런 날씨에 집에서 입었던 간편한 몸뻬와 스웨터만 걸치고 어디로 갔을까. 파출소에 신고한 후 지인들과 온통 아파트단지를 샅샅이 누벼도 여전히 행적이 묘연하다.

날씨라도 포근하다면 놀이터 아이들에게도 목격됐을 텐데 도시의 오후가 을씨년스럽기 그지없다. 공황상태인 누님은 자신의 매무새를 추스를 여유조차 사치였고, 눈물이 얼어 고드름이 되고 슬리퍼 사이로 발가락이 밀려 나와도 심신을 녹일 훈훈한 소식은 들려오지 않았다.

혹시 교통사고를 당하지 않았는지, 추위에 어디 쓰러지지나 않았는지, 온갖 불길한 예감만 가득할 때 순찰 도중 인상착의가 비슷한 분을 봤다며 확인을 부탁해 왔다.

바늘방석 같은 순찰차로 달려간 곳은 복지관도 파출소도 아니었다. 시내와 전혀 동떨어진 허허벌판에 허수아비 같은 모습으로 부산히 움직이던 그 할머니가 바로 어머니였다.

벼 이삭을 주울 시기도 아닌데 들판에서 무엇을 하고 계셨을까. 불룩 나온 스웨터 호주머니에 입가심으로 먹던 강정이 올망졸망 뭉개졌고 지팡이 대용으로 나뭇가지가 들려 있었다. 중앙분리대가 턱 하니 버틴 왕복 8차선 대로를 건너갔단 말인가.

한없이 약해진 어머니를 바라보며 통회를 아니 금할 수 없다. 정신을 놓아버린 게 가여워서. 추위와 두려움에 떨게 했던 자신이 미워서.

해마다 소리소문없이 사라진 노인들이나 가족들의 보호를 떠난 행려자들이 무수하다. 생업을 포기한 채 부모님과 미아를 찾아 현수막이나 전단을 가슴에 안고 길거리로 나온 이산의 아픔은 당해보지 않은 자들은 모른다. 어떻게 잠을 자고 음식을 삼킬 수 있으랴.

하늘의 도움으로 다시 재회하여 무거운 짐을 던졌으나 지금도 어깨에 돌덩어리를 얹은 듯, 발목에 족쇄를 채운 듯, 사진첩만 매만지며 그리운 눈물이 바다가 된 분들에게도 하루속히 가족의 품으로 돌아와 과거 행복한 나날을 누리길 간곡히 기도한다.

어머니에게 아무런 답도 들을 수 없었다. 아들 집에 데려줄까 싶어 택시를 탔는데 횡설수설하다 보니 그냥 내려놓고 가버렸다는 정황들만 분분하다. 그 기사 양반도 한 어머니의 아들일진대 인적 드문 들판보다 파출소라도 모셔다 드렸더라면 그 고생은 않았을 걸 같은 아들로서 야속함이 맺힌다.

꼭 아들에게 가겠다는 간절한 믿음으로 택시에 오르지 않았을까 추측을 하며.

"우당탕"

"아이고. 또 무슨 일이고"

"어둑새벽부터 뭔 날벼락이고"

분명 화장실에서 났다. 달이 뜬 걸 보면 천둥이 칠 만한 날씨가 아닌데 혹 도선생이 다녀갔나. 떨어진 간을 주우며 방문 손잡이를 돌려도 캄캄한 적막뿐이다. 소스라친 마음과 가출했던 정신을 모아서 화장실 스위치를 켰다.

"아뿔싸"

가슴을 졸였던 도둑도 새벽잠을 깨웠던 뇌성벽력도 아니었다. 단수를 대비해 수돗물을 받으려 마련해둔 대야를 부둥켜안고 쓰러져 계셨다.

"엄마! 우얀다꼬 그래 놀래키요."

"얼마나 놀랐던지 살이 벌벌 떨린다."

불도 켜지 않은 채 볼일을 보시려다 쓰러졌던 거였다.

예전에 전기세를 아끼던 검소함에서 생긴 행동인지 아들 내외 단잠을 깨울까 봐 염려에서 비롯된 행동인지 모르나 뇌경색에서 도출된 행동 일부분일 거다. 사실 어둠을 밝혀줄 스위치의 중요성을 깨닫지 못할 뿐만 아니라 명령전달 또한 불가능하다. 여러 방면에서 복합적인 행동들이 자주 나타난다.

그 이후로 아픔이 가중된 신음에 행동반경 또한 급격히 좁아지셨다. 온 집안을 속속들이 수색하더니 거실을 나오는데도 답답할 만큼 굼뜨다. 이 방 저 방에서 말동무를 할 때가 엊그젠데 엉덩이를 끌며 간호를 받으시다니. 좋아하던 주전부리도, 누가 볼세라 혼자만의 소꿉장난이던 옷장이 너부시 주저앉아 손길을 기다려도 하루하루 요때기만 다독인다.

"엄마. 엄마."

"왜 자꾸 잠만 자요. 정신을 좀 차려 보소."

"얘기 좀 하고 놉시다."

아들의 간절한 말에도 꿈나라로 건너가시던 어머니, 눈길만 한번 줬다가 스르르 다시 감아버린다.

"잣, 콩, 호박, 녹두, 팥, 전복, 채소, 깨."

이 재료들이 밥을 대신할 영양식이기에 아내는 죽 가게를 차려도 될 정도로 맛내기에 손색이 없고, 딸은 마사지와 운동을 시키기에 일류 물리치료사가 된 듯하다.

"아야. 아야."

"이 노무 가시나가 사람 직인다."

"고마 안마나 팔 뿔란다."

그림자처럼 데려 다니던 손녀가 주물러드리는데도 윽박지르며 거칠한 투정에 손톱을 세워 꼬집는다. "할매 아푸다 아푸다." 이래 안 하면 나중에 팔이 굳어 안 펴진다며 속으로 다 받아낸다. 자신 앞에서 마른 꼬챙이같이 누워계신 할머니가 예전 온화하던 그 할머니였다는 걸 알기에 묵묵히 사랑을 보답하는 것이다.

"엄마. 보소."

"주물러주니까 좋지요. 나중에 사탕이라도 하나 사주소. 야."

"인자 손이 따뜻한 게 아픈 데가 덜할 거요."

"덜 하는지 더하는지 니가 한번 해봐라. 사람을 잡아 놓고."

"우째 저래 입은 안 아플꼬."

매일 어르고 꾀며 뻣뻣한 팔다리를 편다. 꼬집힘과 날카로운 말투에 마음 다칠 걸 두려워한다면 뭘 해드릴 수 있을까. 뼈만 남은 육신에 따뜻한 체온이라도 심어주려는 게다.

호흡만 붙은 창백한 혈색이 좋고, 향수도 아닌 지린내에 절은 방이 달갑겠는가. 하지만 그것이 인간이 아닌가. 자식을 위해 육신을 희생한 뒤 찾아온 다 타버린 하얀 연탄재 같은 게 어머니의 얼굴이요. 지린내의 매캐함은 미냥 젖을 찾아 기대고 싶은 자식들을 먹이는 살 녹은 추기가 아니겠는가.

그것을 악취로 여겨 콧잔등을 찡그리는 인간들이 태반이다. 매일 찍어 바르고 씻어 없애는 그대들도 지금은 꼼지락거릴 원기라도 남았기에 향기라도 머금는다. 그것도 며칠만 지나봐라. 떡이 진 머리카락이 방바닥에 나뒹굴고 여름 한낮 쓰레기통 같은 역한 냄새를 풍기지 않는지. 자신의 손으로 자신을 건사하지 못하는데 마지막 생애가 향기로울까.

우리도 언젠가 서산에 기우는 저 노을이 될 것이니 깨끗한 척 유난 떨지 말자. 향수에 가려진 땀내도 삼일만 지나면 피장파장이다. 하루가 저물고 나면 새로운 내일 헛기침을 확인하고서야 아침을 맞지만, 꼭 정해진 시각이 서서히 다가오니 두려워진다.

휠체어에 앉은 중년의 초로가 삶의 끝자락에 놓인 어머니의 우묵해진 눈시울 같은 잔에 소주를 따르며 선산을 지키는 못난 소나무가 된 듯이 홀로 식탁에서 슬픔을 달래도 여전히 하얀 목화처럼 고이 누워 계신다. 비록 머리카락은 성성하고 틀니 빠진 입 사이로 마른 혀가 바람 소리를 낸다. 부족한 자식이 제 종아리에 회초리를 치듯 위장이 아려온다.

"엄마. 엄마."

"미안하요."

저린 팔다리를 주무르며 허리 아픈 며느리를 대신해 목욕도, 산뜻한 바람도 쐬 드리려 했으나 처지가 이러니 말로만 대신했습니다. 죽 한술 떠드리며 애쓴 마음 훌훌 벗겨 드리고 싶지만, 그것마저 할 수 없던 자신이 미워 가슴에 곪은 피고름을 짜내니 희미하게 눈을 떠시며 삭정이 같은 팔로 '괜찮다.' 며 휘휘 저어주신다. 훗날 무거운 짐을 지고 갈 자식의 근심을 들어주고자 그러시는데 불효자의 눈물이 어찌 마를 수 있으랴.

진득한 땀을 흘리며 굽은 지팡이를 놓으려 하신다.

손으로 찌개를 건져 드시며 뻔한 결과에도 결백함을 주장하고, 주저앉은 치조골에 틀니가 맞지 않아 매운 음식을 꺼리면서도 호호 땀까지 흘리며 김치 척척 올려 드셨다.

"안 맵소."

"누가 뺏어 먹소. 밥하고 천천히 잡소."

과중하면 항상 실수로 이어져 음식 조절만이 고부간에 서로 보탬이다. 항상 정량을 드리면 부족한 포만감으로 찬에 욕심을 낸다. 잠시 한눈을 팔면 앞에 놓인 접시가 설거지한 듯 윤기가 반질거린다. 안쓰러워 밥을 덜어 드리면 "대름 더 잡소." 하시며 다시 덜어 주신다.

눈을 껌뻑이며 "그냥 잡수소."

"어이구 참."

"더 주끼네 나는 좋다만 대름이 안 모지라요."

원리원칙을 따지는 것조차 불가하여 대름이라 한들 뭔 큰 흠이랴. 앞에 앉은 사람이 아들임을 알기에 염려 어린 눈빛인데. 젓가락과 숟가락이 역할분담을 바꿔서 하고 콩도 집던 젓가락 솜씨가 어디로 갔는지 온 찬을 숟가락으로 점령하여 홀로 상을 봐 드리고 싶으나 늙는 것만으로도 서러운데 가족과 오붓한 식사마저 달리한다면 훗날 나도 저리 외로움과 겸상하지 않을까. 덜 익은 삼겹살에 손이 오고 상추에 상추를 싸서 먹어도 단란한 가족애를 느낀다.

밥에 대한 식탐이 멀건 죽으로 기울었고 사뿐사뿐 걷던 발걸음이 자리를 보전하면서 삼겹살 한 모타리 더 못 드린 게 끝없이 목에 걸린다. 매워도 김치 한 조각 더 드시려 할 때 못 본 척할 걸. 뭐 큰 잘못을 짓는 양 그리 다그쳤는지….

사실 무량겁이 아닌 줄 알았으면 원하던 걸 다 드렸을 것이다. 절망에선 관여하거나 문제를 꼬집지 않으면 항상 물걸레와 마른 비질이 따라다녔기에 닦달할 수밖에 없었다. 뒷정리도 어느 정도요, 옳고 그르다며 말씨름도 하루 이틀이다. 몇 년을 옳고 그름의 테두리에서 웬만한 일들은 그러려니 하며 대충대충 보아 넘긴다. 왈가왈부에 결벽증 환자처럼 까탈을 부려봤자 그때 그 순간뿐. 구석에 앉아 한탄할 시간만 깊어져 완벽하였던 일흔아홉 생을 미완의 삼 년으로 치부하면 쓰겠는가.

여인으로서 자유마저 속박당한 질곡을 힘없이 내려놓는다.

무심한 놈 호통치고 극진한 놈 쓰다듬어 주시면 좋으련만 열 손가락 깨물어 아프지 않은 손가락 없듯이 부족한 놈도 내 살이요. 믿음직한 놈도 내 피라 희미하게 남겨놓은 눈인사가 행실을 각성하게 묵직한 과제를 안겨준다.

5월의 봄날이 여름으로 성큼성큼 걸음을 옮긴다. 진달래도 내년을 기약하는데 우리 어머니는 언제 또 숨바꼭질하듯 술래의 눈을 피해 젖가슴을 내어주실까.

왜 꼭 인간은 잃고 난 뒤에야 후회하는지. 멀어져야만 아쉬운 통곡이 요때기에 떨어지고 비통함이 새싹을 키우는 봄비처럼 홑이불을 적실까.

둥지 잃은 육 남매가 슬피 우는데 살구색 분粉으로 곱게 단장한 미소가 어디에서도 피지 않은 편안함으로 소풍을 마치셨다. 천상병 시인의 귀천歸

天처럼.

"하늘로 돌아가리라. 아름다운 이 세상 소풍 끝내는 날. 가서 아름다웠더라고 말하리라." 과연 우리 어머니에게 이 세상은 소풍과 비교하리 만치 아름다웠을까.

진절머리 나고 몸서리친 고약함은 아니었을까.

똥지게와 작대기처럼 낫 놓고 기역도 모르던 신랑만 믿고 안분지족하였기에 아내로, 며느리로, 어머니로서 이타한 결과의 형상은 아닐는지. 하나뿐인 맏상제가 마땅찮은 몸임을 고려하여 삼일장의 고됨을 씻어주려 음력 오월 그믐날 한 시간을 남겨놓고 아버님 곁으로 가셨다.

아들, 아들, 바라시다 느지막이 소원성취하셨는데 불구의 몸을 두고 가시는 길. 모든 걸 잊으시고 표표한 날개옷으로 구름같이 이 산에서 자고 가고 저 산에서 쉬어가소서.

출상, 삼우제, 상복 벗어 한 줌의 재로 사르고 육 남매 시답지 않은 과거지사를 돗자리에 편 채 한여름 시원한 계곡물에 막걸리 한 사발 휘휘 저을 때 불현듯 찾아온 열사병. 체온조절 중추 능력이 비정상적으로 상승했다. 장례 치르느라 며칠 헐떡거렸지 형제간 끈끈한 결속력을 다지려 36도에 육박한 더위를 녹이고 있었으니 나무망치로 뒤통수를 얻어맞은 충격에 눈앞은 온통 암흑이다.

일반적으로 증상이 심하면 정신이상으로 헛소리하며 의식을 잃는단다. 반듯이 누웠다가 옆으로 돌아누우면 두통, 어지러움, 구역질로 경련을 일으킨다. 오로지 더운 날엔 외출을 삼가고 부득불 열이 오르면 물수건과 선

풍기로 온몸을 식혀주는 게 약이고 치료였다.

이것이 불효자에게 가해진 형벌인가. 아닐 것이다. 칠일마다 한 고개를 넘고 그 고개를 일곱 번을 넘는 고난의 길에 아픔을 나누시려 그랬을 것이다. 당연히 주시면 달리 받는다. 아니 모두 짊어지고 갈 테다. 그 무게로 어머님께서 힘드시지 않다면야.

어르신들께서 이승의 짐은 저승 갈 때 다 가지고 가신다고 그러셨다. 눈이 시큰거리던 특유의 냄새에 향초를 피워도 보고, 섬유탈취제를 뿌려 봐도 사라지지 않더니 임종을 맞고 장송을 하면서 거짓말같이 사라졌다.

참 그런 걸 보면 과학적이거나 합리적 근거가 없는 맹목적인 미신도 전혀 믿지 못할 것은 아닌가 보다. 남겨진 자식에게 이승에 묻혀놓은 자신의 체취마저 걷어 가시는 걸 보면, 그 하나라도 남겨주시면 그리울 때 고색한 사진첩을 들추지 않아도 될 것을.

이제 천상에 그리움이 되신 어머니 보고 계신지요. 항상 산솟가를 맴돌며 이지러진 가슴을 아내와 딸의 눈을 피해 울부짖습니다. 다 알고 계실 줄 압니다. 또 손을 저어주실지 압니다. 자주자주 찾질 못하더라도 용서해 주십시오.

어머니! 보고 싶습니다.

그리고 사랑합니다.